すぐに役立つ 教師のための心理学講座

都築幸恵 著

大修館書店

目　次

1　自己理解のための心理学　3

2　興味・関心の方向の違い——外向指向と内向指向　9
生徒のやる気が見えない…？／考えてから話すか、話しながら考えるか／授業中の発言で輝く生徒、授業後のメールで輝く生徒／一人の時間、人と一緒にいる時間／それぞれのグループディスカッション／「相手はまるで考えていない」という誤解

3　情報の取り入れ方の違い——感覚指向と直観指向　23
テキストの「大切な箇所」はどこ？／人によって違う「大切な箇所」／同じものを見ても見え方は違う／感覚指向の観察力／直観指向の想像力／実用か理論か／理解の確実性か、のみこみの速さか／繰り返しが好きか、新しいことが好きか／「着実さに欠ける」か、「ビジョンがない」か

4　判断のしかたの違い――思考指向と感情指向　37
原則を重視するか、個々の事情を考慮するか／有能さと思いやり――どちらをほめられたいか／意見の対立に関する感じ方の違い／批判的思考力と人の気持ちを察する力／職場での思考指向・感情指向

5　ライフスタイルの好みの違い――判断的態度指向と知覚的態度指向　53
どんなリーダーが好きか／リーダーの行動と部下の満足度の関係／結果重視か、プロセス重視か／早く決断してカタをつけるか、期限ギリギリまで様子を見るか／出された課題にとりかかるのはいつ？／ペース配分の違い／「ちらかった机はちらかった頭」、それとも「机の上が空なのは頭のなかが空だから」／「時間」に関する考え方の違い／「だらしがない人」か、「人生を楽しめない人」か／生徒の指向と教師の指向／それぞれの成長課題

6　指向・タイプにより異なる「常識」　69
指向の分布／クラス内での指向の分布とコミュニケーション／子どもの自信とは／教師における指向の分布／何を「ふつう」と考えるか

7　指向・タイプにより異なる学習スタイル　87
学習スタイルの多様性／外向指向・内向指向の学習スタイル／感覚指向・直観指向の学習スタイル／思考指向・感情指向の学習スタイル／判断的態度指向・知覚的態度指向の学習スタイル／指向の合致は指導の効果に影響するか

8　指向・タイプと進路選択　111
自己理解と進路選択／自分の指向を表現できる職業に惹かれる／職業選択に影響を与える指向の組み合わせ／職業が人を作る？／少数派の強み

9　指向・タイプにより異なる動機づけ　123
生徒のやる気を引き出すには／各タイプの動機づけを表す「主機能」とは／四つの主機能と学習意欲／感覚機能を主機能とするタイプ／直観機能を主機能とするタイプ／思考機能を主機能とするタイプ／感情機能を主機能とするタイプ

10　気質により異なる価値観　149
教育哲学は人さまざま／「四つの気質」論／四通りの価値観を表す四つの気質／責任遂行派（SJ）／行動派（SP）／理想派（NF）／理論派（NT）

11　気質と指導法・学習法　165
教師にみる四つの気質／責任遂行派（SJ）の教師／行動派（SP）の教師／理想派（NF）の教師／理論派（NT）の教師／生徒にみる四つの気質／責任遂行派（SJ）の生徒／行動派（SP）の生徒／理想派（NF）の生徒／理論派（NT）の生徒／教師・生徒における気質の分布

コラム　1・性差？　それとも指向の差？　51
2・自信はどこから生まれるか　108
3・落ち込んだ気分に対処するには——認知療法の考え方　120
4・「やる気」のメカニズムとは——オペラント条件づけの考え方　162

あとがき　188　参考文献　191

すぐに役立つ　教師のための心理学講座

1

自己理解のための心理学

人間関係は難しいとはよく言われることです。そして人間関係こそ人生を豊かにするとも。この本を読んでくださっている先生方も、日々、さまざまな生徒や同僚との交流のなかで、いろいろな充実感やあるいは困難さを経験していらっしゃることと思います。「異文化コミュニケーション」という言葉がありますが、異国の人とのコミュニケーションでなくても、自分以外の人間との対話は、すべて異文化コミュニケーションだという説もあるほどです。

私は大学院でカウンセリング心理学を専攻しましたが、来談者を正確に理解し、信頼関係を築いて効果的にコミュニケーションするためには、カウンセラー自身が自分を客観的に理解できていることが大切だと教えられました。育ってきた環境や文化などによって知らず知らずのうちに形成される、もののみかたや価値観、それに伴うバイアスを客観的に把握することは、来談者をできるだけ偏りなく理解し、共感できる能力を養うために重要です。

教育者にも同様のことがあてはまると思われます。教師が自分の視点や価値観、暗黙の前提などを客観的に認識することは、より正確に生徒を理解し、よりよいコミュニケーションをとっていくための大事な一歩となるでしょう。

本書では、読者の方々に「心理学的タイプ論」の概念を通して自己理解を深め、さらに、多様な生徒たちの個性を尊重した、より効果的なコミュニケーションを行うための一つの考える材料を提供することを目的としています。

「心理学的タイプ論」は、スイスの心理学者カール・ユングの理論に基づいており、以下に挙げる四つの心理的側面における「指向」を組み合わせて、人を十六のタイプに分類するものです。心理学的タイプ論の四つの心理的側面とは、「興味・関心の方向の違い」、「情報の取り入れ方の違い」、「判断のしかたの違い」、「ライフスタイルの好みの違い」であり、四つの心理的側面のそれぞれに対をなす指向があります。人は二極の指向のうちどちらかを、いわば「こころの利き手」のように優先的に用いる（注・指向していないほうの機能を使えないということではなく、指向しているほうの機能をより好み、自然と感じる）という前提で、パーソナリティを十六タイプに分類し、その興味、動機、価値観などにおける差異を明らかにするものです。ユングの考え方を一般の人が自己理解の指針として活用できるように、キャサリン・ブリッグスとイザベル・マイヤーズという米国人の母娘が、心理学的タイプに関する指標（Myers-Briggs Type Indicator®）を開発し、この領域の研究が米国を中心に大きく発展してきました。

心理学的タイプ論の考え方は、今では米国のみならず多くの国で、自己理解のための良きツールとしてカウンセリングやビジネスの現場で広く使われ、また、教育分野においても、生徒の個性の相違をふまえたよりよい教育手法を開発するために活用されています。

なぜこの心理学的タイプ論は、カウンセリングや教育に携わる多くの人を惹きつけ、活用されているのでしょうか。それは、心理学的タイプ論の基底に流れる哲学が、ヒューマニスティックなものであり、教育者・カウンセラーが生徒や来談者にアプローチする姿勢と響きあっているからでしょう。心理学的タイプ論の考え方は、人間のもつ多様な強み、素晴らしさに対してより鋭敏になり、それらを上手にひきだし共感的に理解することを助けてくれるものであるからです。

多くのパーソナリティに関する理論や尺度は、どのような性格の特徴が健康的であるかというような価値判断を内包しています。それは同時にどのような特徴が不適応であるかという価値判断を伴います。それに対して、心理学的タイプ論の考え方では、すべてのタイプと指向に良し悪しはなく、同じ価値を持つものとされています。能力やスキルの高低を示しているものでもありません。どのタイプも特有の強みと一層の成長へ向けての課題を有しており、互いを尊重し補いあうべきものとされています。

つまり、心理学的タイプ論においては、自分の長所や強みを大切にするとともに、他者のそれをも認め、パーソナリティの違いを建設的に活かすという個性尊重の考え方が基底となっているのです。ですから、この理論は、自己理解を深めるためにのみ用いられるべきであり、他人を評価することを目的として使用されてはならないものとされています。

本書の構成は以下のようになっています。

第一章から第五章では、心理学的タイプ論の概略（一章）と、この理論の基幹をなす四つの心理的側面とそれぞれにおける二極の指向（二章から五章）について説明します。

第六章から第九章では、心理学的タイプ論というレンズを通して教育に関わる事柄を見た場合に得られる知見について説明します。それぞれの章では、教師と生徒のコミュニケーション（六章）、学習スタイル（七章）、進路選択（八章）、動機づけ（九章）などに焦点をあてます。

第十章と第十一章では、九章まで考察してきた心理学的タイプ論とは別の理論体系である「気質理論」について説明します。気質理論は、その理論的背景や基本的な仮説において心理学的タイプ論と一線を画すものではありますが、パーソナリティにおける個人間の相違を尊重していくアプローチに共通性があり、心理学的タイプ論とともに米国の教育現場で広く参照されている理論です。心理学的タイプ論の専門家は気質理論からもたらされる知見から、また気質理論の専門家は心理学的タイプ論からもたらされる知見から、自らの専門とする理論についての考察をより深めてきたという側面もあります。十章では気質理論の提唱する四つの気質の概略を、十一章では、気質と指導法・学習法との関連について考察します。

教師にとって、どの生徒の個性も最大限尊重し、生徒に共感しながら日々の指導にあたりたいという願いは共通です。人のさまざまな視点、興味、モチベーション、価値観などについて体系的に説明する心理学的タイプ論は、多種多様なパーソナリティをもつ生徒たちをそれぞれ尊重した、より効果的なコミュニケーションのありかたについて模索する手がかりを提供してくれます。

2 興味・関心の方向の違い

——外向指向と内向指向

心理学的タイプ論の一番目の心理的側面である外向指向（E＝Extraversion）と内向指向（I＝Introversion）とは、興味・関心の方向に関する違いを表します。ここで注意していただきたいのですが、この場合の外向と内向とは、社交性や明朗性の有無のことではありません。つまり、外向が社交的で、内向がシャイ、ということではありません。

外向指向の人は、自分の周りで起こっている物事や人に関心が向き、他人との関わりや外での経験からもたらされる刺激を楽しみ、そこからエネルギーを得ます。物事を理解するには体験するのが第一と考え、まず行動を起こします。また、人との会話を通じて自分の考えを確立したり、より完全なものにしたいと願い、話しながら考えることを好みます。

内向指向の人は、概念や考えなど自分の内面に関心が向きやすく、静かに物事を考えたり、本を読んだり、自分と向き合うプライベートな時間からエネルギーを得ます。物事を慎重に考えてから行動に移す傾向があります。また、何かを発言する時には、まず内省し、考えがまとまった段階で人に伝えようとします。

❦ 生徒のやる気が見えない…？

人は知らず知らずのうちに、自分の視点や価値観に縛られているもののようです。つまり、外向指向の教師は外向指向の、内向指向の教師は内向指向の観点から、物事を判断したり、生徒と接したりしがちです。そして、自分の指向と異なる指向を持つ生徒に関して誤解をしてしまうこともあります。以下に、私自身の経験をお話しします。

数年前のことですが、当時の勤務先の短大で、初めて心理学のゼミが設置され、私が担当することになりました。それまで多人数の学生が受講する講義科目ばかりを担当してきた私は、初めての「ゼミ」に期待をふくらませていました。

「ゼミといえば、学生が自発的に学ぶ意欲を持ち、互いの意見を積極的に交換しながら皆で考えを深めていく場――。一方通行になりがちの大教室での講義とは違い、学生たちの主体性と自発性に支えられて授業は自動操縦されていくだろう。そんな学生たちの討論を聞いたり、それに対してコメントしたり、私にとっても刺激的な授業になるに違いない」――そんなふうに想像していたのです。

しかし、実際にゼミが始まってみると、それは私の期待を全く裏切るものでした。ゼミには六人の学生が参加していましたが、彼女たちのあまりに静かな授業態度は私を戸惑わせました。互いの自己紹介などしてリラックスした雰囲気を作った後は、何か質問をなげかけたら、即座に思い思いの答えが返ってくるものと信じていたのに、ごく単純な問いかけ（「みなさんはこの授業に何を期待していますか」「この授業をとった理由は何ですか」など）に対しても長い沈黙が座を支配するのです。私のほうがどぎまぎしてしまい、内心、「それほどの意欲もなしにこのゼミをとったのだろうか」「いったい何を考えているのか、それとも考えていないのだろうか」「私の質問のしかたがわかりづらいのだろうか」――などと焦り始め、さんざんな滑り出しでした。

回数を経るうちにゼミらしくなっていくだろう、と思っていたのですが、いつまでたっても私の思うゼミ像に近くなりません。つまり、私の問題提起に対し皆が自発的に口々に発言する、というようなスタイルにならないのです。しかたなく私は、ひとり一人を順番に指名して意見を求めるようになりました。

これは私にとって、本来の意味でのゼミの不成立を意味していました。積極的に自らの意見を開陳せず、指名されるまで待っているかに見える学生たちを私は理解できませんでした。ゼミなのに、この受け身で消極的な、やる気のない態度は何なのか…。何らかの理由で自分の意見を隠しているのか、実はメンバー同士の仲が悪く気まずいのか、それとも…。授業開始から数週間、私はこのフラストレーションのなかで過ごし、学生たちに対して多少のあきらめも入りまじった気持ちでした。

「活気のない」授業進行にいらだっていた私でしたが、何度めかの授業で、それまでの授業内容に関するまとめとコメントを学生たちに書いてもらいました。じっくりと考え、真剣に書いて提出してくれた彼女たちの文章を読んで、私は感銘すら受けました。それはよく練られた、まとまった文章で書かれており、それまでの授業の内容をきちんと理解し、消化していることは明らかでした。しっかりとした理解の上で自分自身の考えや感想が述べられており、授業に対する彼女たちの十分なやる気を示しているものでした。私はことの意外性に、安心すると同時になにやら不思議な気持ちでした。

それからしばらくして心理学的タイプ論を、ゼミの話題に取り上げました。その際、ある心理的側面について、学生たちが私とは異なる指向を持っているようだということがわかりました。つまり、私だけが外向指向であり、ゼミの学生たちは全員内向指向だったのです。

❦ 考えてから話すか、話しながら考えるか

外向指向の私にとって、ゼミの「自然な」ありかたとは、まとまっていなくても自分の考えを活発に発言しあい、皆で思考を深め、発展させていく、というものでした。そして、そのようなスタイルの発言をしない学生たちを、「やる気がない、学ぶ姿勢が受け身、オープンでない」などとネガティブに評価していたのです。しかし、「人と話しながら考えを発展させていく」という私のスタンスは、外向指向に特徴的なものであり、必ずしもすべての人

に共有されるものではないのです。

外向指向の人は、周囲と関わることが心地よく、自由にテンポ良く自己表現する傾向があります。何か質問されれば、たいていの場合すぐに反応します。また、人との対話により自分の考えが発展していくので、話しながら考えることを好みます。

一方、内向指向の人は、質問をされると、まず自分の頭のなかで答えを考え、発言内容をまとめようとします。その間は夢中になっているので、はた目には自分の世界に入り込んでしまっているように見えます。外からの妨害が入らない状態で内省し、考えがまとまった段階で人に伝えようとします。外向指向とは逆に、まず考えてから、話し出すのです。

私の問題提起に対し、内向指向の学生が答えをまとめるべく集中しようとしていることに気づかず、私のほうが焦ってしまい、提起した問題を他の言葉で言い換えてみたり、別の角度から質問を浴びせたり…そのたびに、内向指向の学生たちが静かに考える時間を奪い、ますます彼女たちの発言を引き出しにくくしていることに、自分自身では全然気がつかなかったのです。

この件以来、授業で学生に質問をなげかけたら、各人がしばらく考えたり、答えをまとめてノートに記すなどの時間をとり、その後で学生に発言を求めるよう、注意しています。内向指向の人が静かに一人で思索する時間を奪わないよう、自戒するようになったのです。

❦ 授業中の発言で輝く生徒、授業後のメールで輝く生徒

先述の授業とは別のクラスでのことですが、授業内容に関するコメントを、毎回の授業後に教師にメールするという課題を出したことがありました。その際、授業内での学生の印象とメールでの印象との違いは、大変興味深いものでした。

この授業には三十名ほどの学生が参加しており、毎回ディスカッションを行っていました。クラスではほとんど発言せず、表情も変えずに静かに座っていて、授業内容に興味を持てないでいるのではないかとこちらが心配になってしまうような学生が、授業後のメールでは、思わぬ雄弁さで、自分の考えを長文で送ってくることがしばしばありました。メールの文面によって、授業中は控えめなこれらの学生たちの豊かな内面世界を、私も共有させてもらうことができたのです。

逆に、授業中には活発によく発言する学生が、メールになるとごく短く、単純なコメントにとどまっていたり、メールを送るという課題自体を忘れてしまうようなことも、時として見受けられました。

つまり、授業中の討論では大活躍の学生が文面で見ればごく平凡になり、授業内では目立たず、どちらかといえば受け身に見える学生が、文章の場になると、光を放って輝きだす……

という逆転の構図を、何度か経験しました。概して、人と話しながら考えを発展させることを好む外向指向の人は、文書によるよりも、直接話すことによるコミュニケーションのほうが自分の意思を伝えやすいと感じます。これに対して内向指向の人は、口頭によるコミュニケーションよりも、伝えたいことをじっくり考えてから表現できる文書や手紙によるコミュニケーションのほうが、意思を伝えやすいと感じる傾向があります。

このことから私が学んだのは、生徒の理解や意欲の度合を判断するには、その文脈や場面にも注意しなければならないということでした。授業内での発言の頻度により主体的に学習に参加しているかどうかを判定し、「平常点」として評価に加えることがありますが、慎重に自分の考えをまとめてから発言する内向指向の学生にとっては不利になるかもしれません。授業後にまとめた文章も、「平常点」の評価の対象に入れるべきだと考えさせられました。

❦ 一人の時間、人と一緒にいる時間

外向指向の人は、興味・関心が主として周囲の人々や出来事に向けられていて、外界や他人との交流からもたらされる刺激を楽しみ、そこからエネルギーを得ます。一人で集中して物事に取り組むことももちろんできますが、その時間がしばらく続くと、外の世界とのコン

タクトを求め、それによって充電され活力を得ます。

一方、内向指向の人は、静かに物事を考えたり、思いをめぐらせたり、自分と向き合うプライベートな時間からエネルギーを得ます。人との交流や外界との関わりも楽しみますが、しばらくそれが続くと、エネルギーを充電するため一人になる時間と場所を必要とします。

このように、外向指向・内向指向ともに、一人でいる時間、人と一緒にいる時間のどちらも必要としますが、その程度には違いがあります。つまり外向指向の人は、より多くのエネルギーと時間を外界との関わりに注ぐことを快適に感じ、内向指向の人は、より多くのエネルギーと時間を内的な活動に注ぐことを快適に感じる傾向があります。

それぞれのグループディスカッション

心理学的タイプ論についての講義で、「外向指向―内向指向」による行動パターンの違いを実際に体験してもらおうと、授業で次のような実験を行ったことがあります。この実験によって、学生たちは「これまで自分と異なる指向の人たちを誤解していた」ことに気づいたようです。

まず、外向指向と内向指向の違いについて概略を説明します。そして自分自身がどちらにあてはまるか、ひとり一人の学生に決めてもらいます。自分は外向指向だと思う学生を五人、内向指向だと思う学生を五人ずつ選び、それぞれ同じ指向同士でグループになってもらいます（各グループのメンバーは、それまで話したことのなかった者同士になるように設定しました）。そして、それぞれのグループに同じテーマを与え、ディスカッションをしてもらい、グループとしての答えを発表させるというものです。

同じテーマを与えられたにもかかわらず、その後の行動は、二つのグループの間で全く相違していました。

外向指向グループでは、討論のテーマが与えられると、即座にがやがやと会話が始まります。「なんだかよくわからないよね、このテーマ」とか「どう思う？」などというたわいもない会話から始まり、その時々に思い浮かんだことを、矢継ぎ早に発言しています。どちらかといえば短いセンテンスが多く、単語や感嘆詞でのやりとりも聞かれます。会話を交わすこと自体を楽しみ、大きな笑い声が響いたり、一人の話が終わらないうちに他の人が話し出したりと、にぎやかです。

エネルギッシュな外向指向のグループを横目に見ながら、内向指向のグループは、全く違う行動をとります。テーマが与えられると、目を伏せてうつむきかげんに考え込む人、何かをノートに書きつけている人、宙を見つめて思いをめぐらせている人、各人が自分の世界に入っています。しばらくの沈黙の後、テーマに対する考えがある程度まとまってくると、互いに顔を見合わせ、意見を聞きあおうとします。誰が先に発言するかをめぐって静かな模索があった後、一人ずつが、言葉を選びながら慎重に、そのテーマに関する自分なりの考えを述べます。一人の発言が終わるまで、他の誰かが話し出すというようなことはなく、最後まで耳を傾けます。発言が一巡するうちに、だんだんにこちらのグループにも、笑い声や活発な会話の応酬が響いてくるようになります。

このように、外向指向と内向指向のグループディスカッションに対するアプローチは、だいぶ異なります。このような違いを目のあたりにして、どちらの指向の学生も、非常に驚き、意外に感じるようです。

❦「相手はまるで考えていない」という誤解

外向指向の学生は、それまでの経験に照らして思い当たるところが多くあるようでした。「これまで、誰かに問いかけてすぐに答えが返ってこないと、この人は考えていないとか、協力的でない、とか思ってしまっていました。でも、全然違うんですね」「あんなふうに静寂が続いたら、『場が盛り上がっていない』と感じていたたたまれなくなり、あわてて自分が発言したりしてしまいます。でも、内向指向の人たちにとっては、盛り上がっていないのではなく、逆に頭のなかでものすごく考えている充実した時間なのですね」

概して、ディスカッションでは外向指向の学生が速いテンポで発言し、内向指向の学生は圧倒されて自分の意見がいえずじまいになりがちです。内向指向の人に対して「考えていない」「盛り上がっていない」などと誤解せず、意見をきちんと聞くように心がけようと、外向指向の学生たちは認識を新たにしたようでした。

一方、内向指向の学生は、外向指向のグループが、テーマを与えられると即座に話し合いに入ったことに驚いていました。「あの人たちは最初からずっと話していましたけど、いったい、いつ考えているのでしょうか」と不思議そうです。すかさず、外向指向の学生が「話をしながら考えていますよ」と応じます。

内向指向の人にとって、外向指向の人は、考えがまとまっていないのに発言する、軽率な目立ちたがり屋に見えることもあります。しかし、他人と会話することによって自分の考えを発展させたいと願っているという外向指向のありかたを理解すると、内向指向の学生は、なるほどそういうことだったのか、と納得したようでした。

このように、内向指向と外向指向では、お互いに「相手はきちんと考えていない」と誤解する傾向があるのです。

<外向指向と内向指向>

外向指向（E）	内向指向（I）
人・社会・自分の周りで起こっている物事など外の世界に、より関心を持ち、注意を払う	内に生じる考え・イメージ・記憶など自分の内面で起きていることに、より関心を持ち、注意を払う
人との関係や外での体験からもたらされる刺激を楽しみ、そこからエネルギーを得る	一人で考えたり感じたり思い起こしたりなど、内省することからエネルギーを得る
進んで周囲の人や物事に関わっていく	内省することや内的経験を通じて学ぶ
実際に行動することや人との関わりを通じて学ぶ（行動する→考える→行動する）	物事を慎重に考えてから行動に移す（考える→行動する→考える）
人と話しながら考えをまとめていくことが多い	まず考えをまとめてから、他人に話すことが多い
口頭でのコミュニケーションのほうが文書でのコミュニケーションよりも自分の意思を伝えやすいと感じる	文書でのコミュニケーションのほうが口頭でのコミュニケーションよりも自分の意思を伝えやすいと感じる
自分の考えや気持ちを気軽に表し、周囲からわかりやすいという印象をもたれる	自分の考えや気持ちは、親しくなるまでそれほど表現しない傾向がある
幅広く、いろいろなことに興味をもつ	興味のあることを深く掘り下げる
仕事や人間関係において容易にイニシアチブをとる傾向がある	状況や問題が自分にとって重大なものである時にイニシアチブを発揮する
発言したり行動した後で後悔するリスクがある	考えすぎて結局行動に移さないリスクがある

参考：*Gifts Differing*, 1995

3

情報の取り入れ方の違い

——感覚指向と直観指向

心理学的タイプ論の二番目の心理的側面である感覚指向（S＝Sensing）と直観指向（N＝iNtuition）とは、どのように情報を取り入れることを好むかに関する違いを表します。

感覚指向の人は、視覚、聴覚、触覚などの五感を通じて、具体的な事実を細かく観察したり、記憶するような情報の取り入れ方を好みます。「いま実際にどうなっているのか」という具体的現実に注意を払い、ひとつ一つの事実やデータに着目します。実用性を重視し、繰り返しの作業をいとわず、堅実に物事を実行する傾向があります。

直観指向の人は、いわば第六感ともいえる洞察やひらめき、抽象的なイメージを通じて包括的に情報を収集し、事物の全体像やパターンに着目します。観察された具体的な事実それ自体よりも、事実の意味すること、事実の間の関連性などに注意を向けます。おおまかな傾向をつかんで「これからどうなる可能性があるだろうか」などと、未来に向けてアイディアをふくらませることを好みます。

テキストの「大切な箇所」はどこ？

これは私自身の体験ですが、アメリカ留学中の苦い思い出があります。日本史が専門のアメリカ人教授の助手をしていた時の話です。「大切なところを英語でノートにとっておいて」と分厚い日本語の歴史書を渡されました。明治維新期の著名人の行動を伝えている本だったようです。教授は二週間ほど日本へ出張とのことで、不在中の仕事として、私にこのような宿題を出したのです。

さて、その分厚い書物の「大切なところをノート」するべく、私の格闘が始まりました。私の専攻は心理学ですし、もともと歴史への興味は薄いほうで、日本語ながら解読するのに骨が折れました。教授の指示の「大切なところ」を探すべく、私は必死に本を読み返しながら、重要と思われる箇所をまとめてはパソコンに打ち込んでいきました。二週間、懸命に取り組んだその成果を私なりに誇らしく思っていたのです。

ところが、帰国した教授は、パラパラとノートをめくるなり、血相を変えてこう言い放ちました。「これは全く使い物にならないノートだ。私の不在中、あなたは怠けてばかりいたのだね」と。こうして私なりに一生懸命打ち込んだ仕事は全否定されてしまったのです。

この事件は、私にとって非常に印象深いものでした。教授の指示に沿って仕事に邁進していたのに、かえって怠慢という非難を受けた——理不尽な思いが残りました。

⚜ 人によって違う「大切な箇所」

なぜ私は、こんな大失敗をしてしまったのでしょうか――その当時はわかりませんでしたが、いまになって考えてみると、この行き違いは感覚指向－直観指向の相違と関連していると思われます。教授は、個々のデータの詳細で正確な把握が命綱の歴史学者であったのに、私は、直観指向の特徴そのままに、全体のパターンやおおまかな歴史の流れこそが大切と信じ、なるべく「ポイントを押さえた簡潔な要約」を心がけたために、具体的な事実やデータを大幅に欠落させたノートを作ってしまったのです。「エッセンス」をしぼりだした、と私が信じたそのノートは、教授から見れば、個々の具体的データが欠落した、いい加減な失格ノートであったわけです。

私にとって、この一件はとても印象に残っているので、時々授業中にこの話をするのですが、それを聞いて以下のような話をしてくれた学生がいました。彼女は、試験勉強の時に、「重要な箇所」を蛍光ペンでマークするのですが、友だちに比べ、マークする箇所が多いといいます。あまりにたくさん引いてしまうので教科書が蛍光ペンだらけになってしまうそうです。この優秀で熱心な学生は、私と歴史の教授のエピソードを聞いて、自分は、ひとつ一つの細かいデータや事実を大切にする感覚指向に違いないと確信したそうです。

❦ 同じものを見ても見え方は違う

感覚指向と直観指向とは同じものを見ていても、その知覚のありかたの違いから、まるで違うものを見ているかのようです。たとえば、授業でシャガールの絵を数分間見せ、その後にどんな絵だったかをひとり一人に報告してもらったことがありました。

その際、感覚指向の人は、絵の構成要素の細かい部分をできるだけ正確に、見たままに報告しようとする傾向がありました。「羽根を背中につけた女性が画面の中央にいて、その左下にヘビのような動物が一匹、その下には…がおり、鳥が三羽…」。それを聞いた直観指向の学生が「もう一度絵を見せてください。私は鳥を一羽しか見ませんでした」などといい、再度絵を見て、三羽の鳥を発見して驚いたりします。

一方、直観指向の人は「天使が音楽を演奏しているのを動物たちが聞いている絵」というように、細かい事実の観察よりも、絵の全体的な印象について、自分でイメージをふくらませたり、解釈を加える傾向がありました。それを聞いた感覚指向の学生は、「なぜ『天使』だとわかるのでしょうか」などと不審がります。

このように、感覚指向の人は、五感を通じて得られた具体的な情報や事実に着目するのに対し、直観指向の人は、事実そのものでなく、背景にある意味やパターンに目を向けます。

⚜ 感覚指向の観察力

私の学生で小学校時代のこんな思い出を話す者もいました。彼女は、小学校時代、「落とし物係のコンサルタント」だったそうです。集まってきたさまざまな落とし物を即座に「これは誰々ちゃんの」などと判断でき、非常に重宝がられたそうです。私は驚いてしまったのですが、そのような観察眼を共有している学生は他にも多くいるようで、彼らはふだん自然に、「この柄のこの形のボールペンは誰々の」「あのデザインのあの色のピアスは誰々の」というように、ものの具体的な特徴をごく自然に頭のなかに取り入れている、と報告していました。

これら具体的事象に関する詳細な（と私には思える）データの蓄積は、ふだん、自分がものを見ているようで見ていないということを自覚しており、どちらかといえば「ピアスはピアス」「ボールペンはボールペン」としか認識しない傾向がある私には信じられないようなことで、自分の目が節穴のように思えてきます。「そんなに詳しく観察していたら疲れるだろう」というよけいな心配をしてしまうのですが、彼らにとってはごく自然な情報の取り入れ方のようです。

「落とし物係のコンサルタント」の話は極端な例かもしれませんが、概して感覚指向の人は、ものの特徴や位置関係を正確に把握する傾向があります。たとえば、道案内などでも、感覚指向の人は、具体的なデータを駆使した細かい説明をする傾向があります。銀行への道順を聞かれた場合、感覚指向の人は「この道を東に向かって歩いていくと、二つめの信号で○○通りに出ます。その信号を左折し、○○通りを直進しますと、五○メートルほどでひとつめの信号があります。その信号のある交差点の角に八百屋さんがあります。その角を左折すると角から三軒めに、ドアに上っていく階段が正面にある赤レンガの建物がありますが、それが銀行です。」などと、日ごろの観察が正確なデータの蓄積に結びついています。これに対して、直観指向の人は、「銀行ですか。けっこう近いですよ、あちらの方角です。歩いて二、三分ぐらいでしょうか。この道をしばらく歩いていって二つめぐらいの交差点で…たぶん信号があったと思うのですが…交番が途中にあってそれを少し先にいったところの交差点だと思います。そこで左に曲がり、また少し行ってすぐ左に曲がるんです。目立つ建物ですからすぐにわかりますよ」という具合です。

ただし、誰にとっても感覚指向のような説明がわかりやすいとは限りません。たとえば、ある場所に不案内の人のために道順を示す地図を描く場合、感覚指向は、道路、目印になる建物などを詳細に書き込みます。一方、直観指向は、必要最小限の略図を描きます。両者とも「相手にとってわかりやすい」ことを目的として描いていますが、感覚指向と直観指向では「自分だったらどういう地図がわかりやすいか」が相違するのです。感覚指向は、詳細が記入されていなければその地図を依拠するに足るものと思えないでしょうし、直観指向は、あまりに詳細が記入されているとかえってポイントがつかみにくくわかりにくいと感じます。

⚜ 直観指向の想像力

「いまここ」の現実や具体的な事実にひきつけられる感覚指向に対して、直観指向は、将来の可能性を洞察することに興味があり、想像力が豊かです。直観指向には、型にはまらない創造性を発揮したいと願う人が多いのです。

あなたにとって「理想の仕事」の特徴は何ですか、という質問に対し、感覚指向の人は仕事が生活に安定をもたらしてくれる側面を重要視することが多いのですが、直観指向の人は仕事を通じて自分の創造性を発揮できること、と答える人が多いのです。アイディアを出すことを楽しむ直観指向の人は、自分なりの工夫で新しい可能性に挑戦するなど、オリジナリティを発揮することに惹かれるのです。

実用か理論か

概して、感覚指向と直観指向とでは、興味をもつ教科に違いが見られます。感覚指向の人は、明確で計測できるものを好み、答えの正誤がはっきりしている科目を楽しみます。また、ビジネスや工学など実用的な科目や、歴史、地理、生物など数多くの事実やデータを扱う科目に興味を持ちます。一方、直観指向の人は、自由な発想で自分の独創的な答えを考え出すことができる科目や、哲学・心理学・社会学などの理論的な分野に興味を惹かれます。

興味を持つ職業領域においても、感覚指向と直観指向とでは違いがあります。感覚指向の人は、実用的で、結果が目に見え、実際に五感を使って作業するような職業領域——たとえば製造、農業、建設、商業など——に惹かれます。一方、直観指向の人は、いろいろな可能性を模索したり、クリエイティビティを発揮できるような職業領域——たとえば芸術、研究、デザイン、コンサルティングなど——に惹かれる傾向があります。

ただし、後述するように、自分の指向が少数である領域の職業においては、むしろその分野でのパイオニアとなったり、特有の強みをいかした専門を開拓することができ、一概にどの指向だからこの職業というような決めつけをするものではありません。

❦ 理解の確実性か、のみこみの速さか

物事にとりくむ際、感覚指向の人は、「理解の確実さ（結論が事実としっかりと合致していること）」を重視し、直観指向の人は、「のみこみの速さ（すばやく結論に到達すること）」を重視する傾向があります。

たとえば、文章を読む際にも違いが見られます。感覚指向の人は、最初の一文から最後の一文まで、書いてある文章のすべてを順序立てて読む傾向があります。一方、直観指向の人は、まずおおまかな筋や内容をとらえようとして、細かい記述は読み飛ばす傾向があります。全体像を把握した後で、関心のある詳細の部分に目を通します。

感覚指向の人は、直観指向のような飛ばし読みをしないので同じ分量を読むのにも比較的時間がかかります。このため、制限時間が設けられているテストでは、不利になることがあります。感覚指向の生徒はテスト問題の指示を一語一語読み、その理解を確実なものにするために何度も読み返し、時間をかける傾向があるからです。感覚指向の生徒に対して、問題文を一度しか読まないように指導した結果、回答の速度が上がり、成績が向上したとの研究報告もあります。

❦ 繰り返しが好きか、新しいことが好きか

感覚指向の人は概して、繰り返しの要素がある活動や仕事を好みます。過去の経験に基礎をおき、既に習得した知識やスキルを用いて、それを繰り返し使用することを楽しみます。正確に物事を行うために決まったプロセスを繰り返し、何か問題が起これば以前の経験に基づいて解決するようなことは感覚指向の関心に合致します。

一方、直観指向の人は概して、新しいアプローチや考えに取り組むことを楽しみ、繰り返しの作業を好みません。いったんある知識やスキルを習得したと感じると、今度はまた新しい物事に興味が移る傾向があります。ひとつ一つの仕事や課題が、想像力や独自のアプローチを必要とするような場合にやりがいを感じます。

❦ 「着実さに欠ける」か、「ビジョンがない」か

この二つの指向の相違は、仕事の場面で、深刻な誤解をもたらす場合があります。

感覚指向の人は、具体的事象を細かく観察することを好み、個々のデータに着目します。

「詳細なデータの正確かつ具体的な把握こそが重要」という信念を持っていることが多く、

これは、「細かいデータなど集めきれるものではない」から「全体のおおまかなパターンが重要であり、そこから新しいアイディアをふくらませることが仕事における前進」と考える直観指向の人と対照的です。

また、感覚指向の人は概して、これまでの経験とデータの積み重ねを信頼し、繰り返しの作業をいとわず、堅実に物事を実行します。それに対して、直観指向の人は、全体のパターンをつかんでインスピレーションを発揮し、良いアイディアを出しますが、それを着実に実行に移していくのは苦手な傾向があります。一度マスターしたと感じると、繰り返し作業に魅力を感じず、新しいことを学びたがります。

仕事のやりかたをめぐって、同僚同士がこんなふうにじれったく思うことはないでしょうか――。「あの人は、細かすぎて全体が見えていない、想像力に欠けたつまらない話ばかりする、次にどうしようというビジョンがない」または「あの人はアイディアはあっても机上の空論が多い、細かいことが抜け落ちていて正確さがなく、物事の着実な実行において信頼できない」など…。このように相手を否定的に感じる場合、それは「感覚－直観」指向の違いに由来しているかもしれません。

感覚指向の人は、将来の可能性よりいまの現実のことに目が向きやすく、実際的で、これまでの経験の積み重ねを重視する傾向があります。一方、直観指向の人は、現実がどうなっているかということよりも将来の新しい可能性について目が向きやすく、インスピレーションを信頼する傾向もあります。ですから、何らかの課題をめぐり、感覚指向の人は「問題がない限り現状を変える必要はなく、これまでの経験と実績を基準として物事を進め」ていこうとし、直観指向の人たちは、「過去のデータにとらわれず、新しいコンセプトや可能性を追求していく」というスタンスをとることが多いでしょう。

これらの違いを認識することで、同僚同士が互いの強みをいかし、補いあうことが可能になります。つまり、「具体的なデータを正確に把握して現状を掌握し、過去の経験と照らし合わせながら実践的に物事を進め」、かつ「全体像を把握しながら将来のプランを練り、新たな改善をしていく」という、仕事の大切な二側面がカバーされることになります。ですから、何かのプロジェクトを進める際に、自分が感覚指向ならば直観指向の同僚に、自分が直観指向なら感覚指向の同僚に、積極的に支援を仰いだり、チームのメンバーになってもらうことで、仕事上の盲点や、そこからひきおこされるミスが少なくなり、より良い成果が上げられます。

＜感覚指向と直観指向＞

感覚指向（S）	直観指向（N）
視覚・聴覚などの五感を通じて実際にいま起きていることに関する具体的な情報を取り入れることを好む	事実の間の関連性に着目し、物事の全体像やパターンに関する情報を取り入れることを好む
周りでおこっている事柄の詳細や具体的現実に注意を払い、よく観察する	物事のパターンを把握したり、新しい可能性を見いだそうとする
実用的なことや具体的なデータに価値をおく	理論的なこと、洞察、アイディアに価値をおく
将来の可能性よりもいまここの現実がどうかということに注意が向きやすい	現実がどうかということよりも将来の可能性について注意が向きやすい
既に習得した知識やスキルを繰り返し使用するような仕事や活動を好む	新しいアプローチや考えにとりくむことを好み、繰り返しの作業を好まない
実用的な科目や数多くのデータや事実を扱う科目に興味をもつ傾向がある	自由な発想で独創的な答えを出すことのできる科目を好む傾向がある
ひとつずつ順序立てて確実に理解することを重視する	大まかな全体像やテーマを把握してから詳細に注目する
注意深く着実に一歩一歩結論へと進んでいく傾向がある	カンに従い、すばやく結論に達する傾向がある
どのように応用できるかということをまず把握してから理論や概念を学びたいと考える	理論や概念を明確に理解してから、応用的な側面に目を向けたいと考える
言葉や理論よりもこれまでの経験を信頼する傾向がある	インスピレーションを信頼する傾向がある

参考：*Gifts Differing*, 1995

4

判断のしかたの違い

——思考指向と感情指向

心理学的タイプ論の三番目の心理的側面である思考指向（T＝Thinking）と感情指向（F＝Feeling）とは、どのように判断することを好むかに関する違いを表します。

思考指向の人は、なるべく個人的・主観的な感情を排して、対象から距離をおき、論理性と一貫性を重視した意思決定をしようとします。物事を客観的にとらえ、批判的に考えたり、因果関係を分析することで問題解決を試みます。似たような状況に一貫してあてはまる原則にのっとった判断を好みます。

一方、感情指向の人は、ある判断が個々人にどのような影響を与えるかを考慮し、当事者として物事をとらえ、相手の立場にたって共感的に理解しようとします。調和ある人間関係を保つことや、関係者の気持ち・価値観を尊重することを重要視します。

❦ 原則を重視するか、個々の事情を考慮するか

教師なら身につまされるこんな会話があります。

教師A「今年度は私の科目で単位を落としたために、卒業が延びてしまった学生が二人いました。留年は非常にショックなものですから、彼らがどのように受け取っている

か心配してしまいますね」
教師B「公正な基準で評価して、単位がとれなかったのだからしかたがないでしょう。教師というものは学生を公平に評価するべきで、感情に左右されてはならないのです。」
教師A「私の成績の基準はしっかりしています。ただ、私は学生たちの気持ちについて考えていただけです!」
教師B「私は一貫した基準が重要だということをいいたかっただけです!」

教師Aは、ある判断(単位を与えない)が生徒個人に与えた影響について心配し、教師Bは、その判断が公平で一貫した基準に基づいていたかどうかに焦点をあてています。どちらももっともな見解であり、「ひとり一人に対する配慮」も「公平で一貫した基準」も、教師として大切な視点です。

しかしながら、この会話では、互いに「誤解された」「否定された」という後味の悪さが残るでしょう。このように、この二つの指向の間では、相手に対する誤解が感情的な行き違いに発展することも多いのです。

授業で、先に挙げた例と似たような葛藤を、学生たちに追体験してもらおうと、以下の例について話し合ってもらったことがありました。

「あなたが次の二人の先生（福田先生と高田先生）の同僚だとします。福田先生と高田先生は期末試験で合格点に達しなかった生徒のことで意見が対立しています。この科目は期末試験の成績のみにもとづいて評価がなされることになっていました。さて、あなたはどちらに賛成しますか？　その理由はなんですか？」

福田先生「私のクラスの山田さんはお母様がご病気で今学期大変でした。お母様は一時危篤状態になって入院なさったのです。山田さんは毎日のように看病に通っていました。テストは追試も含めて何度か受けましたし、彼女自身がんばりましたが、結局どのテストも合格点には至りませんでした。でも、私としては彼女をC評価でもいいから合格させてあげたいのです。彼女は一生懸命がんばりましたが、彼女にとってとにかく状況が悪すぎたのです。授業の内容は理解しているようですけれど、試験となるとなかなか点に結びつかないのです。」

高田先生「山田さんはすでに何回か試験を受けていて、十分なチャンスを与えられたのです。彼女の状況には心から同情しますし、彼女が精一杯努力したことも理解できます。でも、彼女に対してだけ例外を設けることはできません。このことは曲げるべきではないと思います。」

このようなシナリオに対して、学生は福田先生派と高田先生派に真二つに分かれます。その代表的な意見は以下のようです。

意見A（福田先生派）――福田先生に賛成します。人情を感じますから。高田先生はあまりにも考え方が機械的すぎると思います。山田さんは学校をサボったわけではなく、お母様の看病という事情によって、試験の成績が悪かったのです。お母様という一番大切な人が危篤だったのですから、勉強だって手につかないはずで、試験の結果が悪いのももっともです。ことの重大性に鑑みれば、当然例外として扱うべきです。もし、高田先生の家族の誰かが入院して先生が看病することになったら、以前と同じように仕事に集中できると言い切れるのでしょうか？

意見B（高田先生派）――高田先生に賛成します。山田さんに限らず、他の生徒だっていろいろな事情があるはずです。それに、いったん例外を設けたら、将来、自分も例外にしてほしいという生徒が他にも多く出てくるでしょう。けじめがつかなくなる恐れがあります。山田さんは追試も含めて何回かチャンスを与えられました。そこで結果を出せなかったのですからしかたありません。結果が出せなくても努力を認めて合格にするならば、もともとテストをする意味がないことになります。

意見Aは、山田さんという当事者に焦点をあてて、共感的に彼女の置かれた事情や心情を斟酌しています。勉強をしようとしてもできなかった、やむにやまれぬ状況を受け止めて、例外として扱い、山田さんを合格させてあげることが、人間として当然だと考えます。テストで客観的な結果が伴わなくても努力のプロセスを認めてあげようという考えです。

一方、意見Bは、山田さんを全体の生徒のなかの一人と見て、山田さんだけを例外として扱った場合の影響について考えるなど、原則の一貫性と全体から見た公平性を重視しています。山田さんに対して共感や同情を持たないわけではないのですが、そのような感情は禁欲して、あくまで客観的にテストの結果により判断するべきだという考えです。

授業では、大多数の学生が二人の先生の判断にそれぞれ正当性を認めていました。しかし、主として感情指向の学生はAに類した意見を持つ傾向があり、思考指向の学生はBに類した意見を持つ傾向がありました。また、思考指向の学生は、「もし自分が山田さんの立場だったら、テストの成績が悪かったのに合格点をもらっても、ちっともうれしくありません。自分の実力は公平に評価してもらいたいのです」と付け加える者も多くいました。それに対し、感情指向の学生は「私が山田さんだったら、先生が合格点をくれたらやはりうれしいし、先生のやさしさに勇気づけられて、これからより努力しようと感じるでしょう」と応じていました。

ここで留意するべきなのは、思考指向の人に感情や思いやりがないわけではありませんし、感情指向の人が論理的でないわけではない、ということです。誰しも、物事を判断する時に、論理性と人に対する配慮と、両方をファクターに入れますが、どちらかが「利き手」のごとく優先される傾向があるというのが心理学的タイプ論の見方です。両者の判断のしかたとも合理的な判断であり、往々にして両者は全く同じ結論に達し、合意します。しかし、結論に達するまでの考えのプロセスに相違があるのです。また、この二つの指向と知能の間には全く関連がありません。

❦ 有能さと思いやり――どちらをほめられたいか

自分のどのような特質を他人に認めてほしいか、という問いに対し、思考指向の人は概して、知性、問題解決能力、実行力、客観性などを挙げます。一方、感情指向は、人に対するやさしさ、思いやり、気配り、奉仕などを挙げる傾向があります。このことは、何に自分のアイデンティティを求めるかについての相違であると同時に、学校や職場においてもそれぞれ上記のような特質を評価されたいと考えることにつながります。

思考指向の人は、自分の能力や仕事の成果について、具体的かつ客観的に評価されることを求めます。自分のアイディアが実際に取り入れられたり、より難しい仕事を与えられたりするなど、自分の有能さが目に見える形で認められた時、大きな達成感を感じます。「あなたはすばらしい」など、具体的に何についてほめられているのかはっきりしないようなほめ言葉は、思考指向にとってあまり信憑性がありません。

一方、感情指向の人は、自分の努力や貢献に対してほめられたり、感謝されたりすると非常に心を動かされます。一般に感情指向の人は、人を喜ばせたい、人から好かれたいという気持ちが強いので、個人的な親愛の情をこめたほめ言葉や共感的な励ましは、それが具体的なものであるにしろ、そうでないにしろ、とても意味のあるものです。

❦ 意見の対立に関する感じ方の違い

「対立」という言葉に対して、思考指向の人と感情指向の人とでは違うイメージを持っています。思考指向の人にとって、意見の対立は、建設的な議論の発展につながる、歓迎するべきものです。対立により問題の核心が明らかになったり、互いの本音がクリアになったりなど、より良い判断を生み出すきっかけとなると考えます。このような理由で、思考指向の人は概してディベートを好みます。

また、思考指向の人は、自分が間違っている点を指摘してもらって向上することができればいいと考えるので、批判しあうことに対して積極的です。それゆえに自らも批判的になる傾向があり、問題を分析して、欠陥や欠点を見出すことに関心があります。

一方、感情指向の人は、他者の気持ちを傷つける可能性を最大限減らしたいと考えるので、建設的ではあっても批判的なニュアンスのある言葉は極力控え、間接的に示唆することが多いのです。感情指向の人にとって、意見の対立は人間関係そのものを脅かす可能性があるものとしてとらえられるため、それが明白になる状況をなるべく避けようとします。ですから、自分自身もあまりに率直な批判に対しては、傷ついたり、防衛的になる傾向がありま す。ただし、相手と確固たる信頼関係がある場合には、感情指向の人も、互いの向上のために批判しあうことに抵抗を感じないでしょう。

感情指向の生徒は、時に、教師が何気なく発した言葉に傷ついてしまうことがあります。たとえば、「字がちょっと乱雑だね」と教師からいわれたとします。思考指向の生徒は、「字」が「乱雑」なのであって、それ以上でもそれ以下でもないと解釈する傾向がありますが、感情指向の生徒がその教師との信頼関係を確立する前にこのような批判的ニュアンスのあるコメントを受けると、自分が嫌われているとか人格を否定されたと思い込んでしまうことがあります。しかしながら、日ごろ信頼関係のある人からならば、欠点についてのフィードバックを得ても、人間関係に対する脅威とは感じられないでしょう。

批判的思考力と人の気持ちを察する力

感情指向と思考指向の学生をそれぞれのグループに分けて、「相手の指向に対して困る点、自分たちの指向について理解してほしい点」を話し合わせ、発表してもらったことがあります。感情指向グループは、「思考指向は、何にでも理由を求めないでほしい。私たちには説明できないこともあるのだから」。一方、思考指向グループは「感情指向はすぐに人に同情したり、なんとなく雰囲気で物事を決めないでほしい。自分たちにとっては、物事の理由が重要なのだから。」

「理由」を重視する思考指向の子どもは「なぜ」という質問を多く発する傾向があります。「なぜこの課題をしなければならないのですか」「なぜこのように行動しなければならないのですか」などと聞きたがります。これは、人によっては、反抗的だと感じられることもあります。いちいち理由をたずねる思考指向の子どもに「いわれたことをただ素直にやればいい」と、いらだつ大人もいるかもしれません。しかし、思考指向の子どもにとっては、このような問いかけは物事を理解するために必然的なものなのです。

「親（先生）である私がそう言ったから」とか「そうすることになっているから」などと片付けられ、「なぜ」という問いを大人が歓迎しないことを悟った思考指向の子どもは、口に出して理由を問いかけることはやめるかもしれません。しかし、心のなかでは「なぜ」という、彼らにとってはごく自然な問いかけを止めることはないでしょう。思考指向の子どもは、論理的に一貫しており、明瞭で公平な答えをしてくれる大人を求めているのです。

従来の日本社会では素直であることが美徳とされており、大人のいうことをそのまま受け入れる生徒のほうが、良い生徒とされがちでした。しかしながら、思考指向の持つ、独立して考えていける力は、欧米で大きな教育目標とされている「批判的思考力（クリティカル・シンキング）」につながるものであり、尊重して伸ばしていきたい能力のひとつです。

一方、感情指向の生徒は、人の気分を害したり傷つけることを恐れるので、理由を聞くべき時に聞きそびれてしまう傾向があります。先生の意見や友達の意見を尊重しようとするあまり、自分なりの独立した意見を育まずに周りに合わせてしまう場合もあります。他人の意見と同じように、本人自身の意見も尊重する価値があるものだということを、大人は伝えていく必要があるでしょう。

❦ 職場での思考指向・感情指向

職場において、この二つの指向の差はどのように表れるでしょうか。たとえば、思考指向の人は概して、同僚と特に仲良しでなくても、公平に扱われてさえいれば、十分に働けると考えます。職場では課題重視であり、仕事の効率的な達成に焦点をおいているからです。

一方、感情指向の人にとっては、職場での人間関係はそれ自体で重要なものであり、調和と援助関係を求める傾向があります。人とのつながりを重視する感情指向の人は、上司や同僚からの励ましやほめ言葉に心を動かされ、自分自身でもほめ上手な傾向があります。しかし、思考指向は、昇進や昇給などにより感謝はすでに表されていると考え、とりたてて言葉でほめたり、ほめられたりする必要をあまり感じない傾向があるようです。

組織としての判断は、思考・感情指向のメンバーが互いに尊重しあい、補いあい、両者の観点をすりあわせた判断をすることで、より妥当なものとなります。第三者的観点から客観的に物事を見る思考指向と、関係者の気持ちに配慮し、調和ある人間関係を重視する感情指向、それぞれの強みを理解しあうことが重要です。しかし、現実には、この相違は、しばしば互いに対する深刻な誤解と葛藤の原因となります。

たとえば、思考指向の人は、フレンドリーな感情指向の同僚に対して「なぜこんなに愛想をふりまき、不必要に親しくなりたがるのか?」といぶかしく思うかもしれません。また、人の気持ちを考慮するあまり、率直な発言を控える感情指向の同僚に対して、いざと言う時ノーのいえない頼りない人であり、リーダーには向かない、という印象を持つかもしれません。また、ある決断がいろいろな人にもたらす多様な影響について考慮し、苦悩する感情指向の同僚に対して、思考指向の人は「感傷的で私情を挟みすぎる」と評価しがちです。

逆に、感情指向の人は、批判的で分析的な思考指向の同僚に対し、「理屈っぽく揚げ足とりが好きな、協調性のない人」などという悪印象を持つかもしれません。また、思考指向の同僚が客観的で公平な課題解決をすることにフォーカスしていれば、感情指向の人は、「個々人に対する配慮がなく冷淡」と感じることもあります。

＜思考指向と感情指向＞

思考指向（T）	感情指向（F）
客観的な分析から問題を解決することを好む	関係者の気持ちを考慮して問題を解決することを好む
ある選択や行為の論理的帰結を分析して、それに基づいて意思決定を行うことを好む	自分自身や関係者にとって何が大切かを考えて意思決定を行うことを好む
対象から距離をおいて状況を客観的に見ることで、プラスマイナスを冷静に分析する	ひとり一人の価値観や気持ちを尊重して決断しようとし、当事者の立場にたって考える
似たような状況に一貫してあてはまる基準や原則を見出すことに意義を感じる	人間関係や調和を大切にし、他者を理解したり、援助しようとする
批判的に分析することで、物事がうまくいかない原因を見出し問題解決することを好む	人の良い点を見出してほめたり、励ましたりすることを好む
自分の能力や仕事の成果について、具体的かつ客観的に評価されたいと考える	自分の努力や貢献に対して、ほめられたり感謝されると心を動かされる
自分の知性、問題解決能力、実行力、客観性などを認められたいと感じる傾向がある	自分のやさしさ、思いやり、気配りなどを認められたいと感じる傾向がある
合理性を重視し、いわば「頭」で決めることを好む	共感的で、いわば「心」で決めることを好む
主観をなるべく排することがよい判断につながると考える	人の価値観を尊重することが良い判断につながると考える
公平とは、すべての人を平等に、同じように扱うことであると考える	公平とは、ひとり一人をユニークな存在とみなしそれに応じた扱いをすることと考える

参考：*Gifts Differing*, 1995

コラム・1　性差？　それとも指向の差？

アメリカでの統計によれば、アメリカ人男性の過半数が思考指向であり、アメリカ人女性の四分の三が感情指向です。割合に男女差があるのは、思考－感情指向のみです。

以前デボラ・タネンという言語学者が *You just don't understand*（邦題『わかりあえない理由《わけ》』）という本を出版しベストセラーになりました。多様な場面での男女の行動や感じ方の違いを描き、男女のコミュニケーションはあたかも異文化コミュニケーションのよう、とする著者の主張は、説得力を持って受け入れられました。

彼女の挙げた「男女の異文化コミュニケーション」の一例として、次のようなものがありました。癌で手術を受けたある女性が、腫瘍摘出後の傷跡を気にしていました。傷口を見てはため息をついている様子を見ていた夫は、「そんなに気になるのなら、傷跡を消すための手術があるそうだから、それをすればいいじゃないか」といいました。女性は、夫の発言にショックを受け、「あなたはこの手術の跡を醜いと思っているのね！」と叫びました。夫は驚いて、「何を言っているんだ。僕はなんとも思っていないよ。ただ、君がそんなに気にしているのなら、解決策はあるよといっただけだ」と答えました。一方、この女性の女友だちは、長い時間かけて話を聞き、彼女の苦悩に対して理解と共感を示しました。それによって女性は励まされ、支えられたと感じました。

このような事例を挙げて、デボラ・タネンは、悩みを聞いた場合に、女性は共感し、男性は問題解決のためのアドバイスをする傾向があると述べています。

しかし、心理学的タイプ論の見地からは、タネンの唱える男女差は、思考指向－感情指向の相違による影響が強いと考えられます。思考指向の人は、客観的な問題解決に焦点をおき、感情指向の人は他者を共感的に理解することを重視するからです。

一般に、女性は、やさしく、繊細で、人を傷つけるような物言いをせず、協調性があり、男性は、決断力があり、率直で、独立心がある…というイメージが流布しています。しかし、心理学的タイプ論を考慮すれば、従来男性の特徴とされてきたものは、実は思考指向の、女性の特徴とされてきたものは感情指向の特徴なのです。このような「男らしさ」「女らしさ」のステレオタイプにより、思考指向の女性、感情指向の男性は、「理屈っぽい女性」「やさしすぎる男性」など周囲から変わっていると見られたり、自分自身でも不要な自己懐疑に陥る可能性があります。ステレオタイプに惑わされることなく、思考指向・感情指向がそれぞれ持つ強みを伸ばしていきたいものです。

5

ライフスタイルの好みの違い

――判断的態度指向と知覚的態度指向

心理学的タイプ論の四番目の心理的側面である判断的態度指向（J＝Judging）と知覚的態度指向（P＝Perceiving）とは、ライフスタイルの好みに関する違いを表します。

判断的態度指向の人は、計画的で秩序だったライフスタイルを好みます。目標に向けて計画に沿って行動することで、いったん決めたことをきちんとやりとげることに充実感を得ます。

一方、知覚的態度指向の人は、その場その場の状況に応じて臨機応変に適応していく柔軟なライフスタイルを好みます。好奇心が旺盛で、自然体で広くいろいろな経験をすることを望みます。

⚜ どんなリーダーが好きか

産業心理学の知見によれば、リーダー行動は大きく二つに分類されます。ひとつは「配慮行動」で、部下に対する思いやりに相当するものです。もうひとつは「構造化行動」で、仕事の細部にわたって綿密に計画だて、目標とスケジュールを遵守させたりなど、仕事を組織化する行動です。

リーダーがどのような行動をとれば部下の満足感が高まるのか――というテーマをめぐ

り、これまで多くの研究がなされてきました。「配慮行動」に関しては、研究結果は一致しており、配慮行動の多いリーダーのもとでは部下の満足感が高くなることが示されています。つまり、思いやりのあるリーダーは部下に人気がある…ということで、私たちの実感にもマッチする研究結果です。

しかしながら、リーダーの「構造化行動」と部下の満足感との関係は、研究ごとにまちまちで、結果は一致していませんでした。つまり、仕事に関して具体的な指示を与えたり、達成目標や期限を定めたりなどの、組織化行動を多く行うリーダーと、それほど行わないリーダーとでは、どちらが部下の満足感を高めるか、これまでの研究でははっきりしていなかったのです。

⚜ リーダーの行動と部下の満足度の関係

One person's meat is another person's poison.（甲の薬は乙の毒）――英語にこのようなことわざがあります。ある人にとって好ましいことが、別の人にとっては迷惑になるというような意味です。

私は、リーダーの構造化行動と部下の満足感との関係は、このことわざから説明できるのではないかと考えました。つまり、リーダーの構造化行動は、人によっては好ましく、仕事に関する満足感を上げるものであるが、人によっては満足感を下げるものなのではないかと推測したのです。そして、その相違は、部下の「ライフスタイルの好み」の相違、つまり、「判断的態度指向」であるか「知覚的態度指向」であるかに影響されるのではないかと考えました。

そこで、研究参加者を判断的態度指向と知覚的態度指向の二つのグループに分けて、グループごとに、リーダーの構造化行動と部下としての満足感についての関連を調べてみました。

すると予想どおり、判断的態度指向のグループにおいては、構造化行動の高いリーダーのもとで部下の満足感は上昇しましたが、知覚的態度指向のグループにおいては、部下の満足感は下降していました。つまり、同じリーダー行動が、部下の指向の相違により、仕事上の満足感を与えてくれるものにもなるし、不満を与えるものにもなるわけです。

判断的態度指向の人にとって、達成目標を定め、期限を提示し、きめ細かに指示を与え、スケジュール管理をするリーダーは、仕事の効率を上げてくれる好ましい上司です。一方、仕事のプロセスの楽しさを重要視する知覚的態度指向の人は、仕事にある程度の自由度があることが好ましく、あまりに綿密に計画された仕事は面白みがないように感じます。

このことを教育場面に敷衍すれば、「ある生徒にとっては学習意欲を高めて満足感を与える教師のリーダー行動が、別の生徒にとっては学習意欲をそぐ行動になる」ということになりそうです。目標、スケジュールなど指示を細かく与えることが生徒のやる気につながるのか、それとも細部にわたる計画や決まりごとが生徒のやる気をそぐ結果になるのか、教師は自分の指向によるバイアスを理解しながら生徒に接していく必要があるでしょう。

⚜ 結果重視か、プロセス重視か

判断的態度指向の人は、人生は自分の意思により形作っていくものという考えを持ち、目標を達成したり、結果を出したり、仕事や課題を終わらせることに意義を感じます。一方、知覚的態度指向の人は、結果を生み出すことよりも、プロセスを楽しむことを重視し、人生においていろいろな経験をすることを望んでいます。目標や計画にとらわれれば、人生の楽しみの半分を奪われてしまうような感じ方をする傾向があります。

判断的態度指向の人は、仕事は仕事、遊びは遊びと考えるのに対し、知覚的態度指向の人は、仕事も遊びのように楽しみながらやりたいと考えます。職業を選ぶにあたっても、自分が楽しんでできることを仕事にしようという傾向が強いのです。

判断的態度指向と知覚的態度指向のスタイルのどちらにも優劣はありません。しかしながら、この二つの指向の人が一緒に仕事をするとそのスタイルの相違から軋轢が起こることがあります。

⚜ 早く決断してカタをつけるか、期限ギリギリまで様子を見るか

判断的態度指向の人は、「物事が決まっていない状態」が苦手です。早く決断して、カタをつけてしまいたいという衝動が強いのです。何かを終わらせ、そのことに関しては忘れてしまえることを快く感じます。ですから、物事を決めたり結論を出すことに積極的です。一方、物事が決まっていない状態が落ち着かないあまりに、情報を十分集める前に決断してしまい、結果として早とちりをしてしまうことがあります。また、後になって新しい情報が出てきても、それを無視して先の決断に固執してしまうこともあります。

知覚的態度指向の人は、「あらかじめ物事が決まっている状態」が苦手です。前もってスケジュールが決まっていれば、自分の自由が束縛されたように感じます。また、好奇心が強く、物事を決める際には、なるべく多くの情報を集め、それから決断したいと考えるので、なかなか自分の態度をはっきりさせようとしません。結論や結果に変更の余地を残しておく

ことを好みます。決断が遅れてしまったり、そのために行動に移す機会を失ったりすることもあります。

このように、判断的態度指向は、早々と決断してしまうことを好み、知覚的態度指向はいろいろな選択肢をオープンに探ることを好みます。よって、両者が共同で意思決定しようとすると、葛藤が起こることがあります。

たとえば、知覚的態度指向の人が、いろいろな魅力的な選択肢を十分に時間をかけて検討したいと考えているのに、判断的態度指向の人によって選択の幅を狭められ、性急に結論を出すように急かされていると感じることがあります。一方、判断的態度指向の人が、さっさと決断して次の段階に進みたいと考えているのに、知覚的態度指向の人によってスローダウンさせられ、仕事が効率的に終わらせられないと感じることもあります。

⚜ 出された課題にとりかかるのはいつ?

期末レポートの課題が学期の半ばに提示されたとします。さて、あなたなら、レポートの準備をいつから始め、いつの時点で完成させると思いますか?——授業でこんな問いかけをすると、さまざまな答えが返ってきます。

これまでの自分の経験から考えて、すぐに課題にとりかかり締切日の一〇日前には終わらせていると思う――という「速攻型」から、締切日の三日前になってやっととりかかり、前の晩は徹夜になるだろう――という「直前駆け込み型」まで、さまざまです。もちろん、大部分の人はこの両極の中間に位置します。

これまで説明してきたように、判断的態度指向の人は、物事を計画だてて行うこと、早くカタをつけることを好みます。ですから、課題に取り組むにあたって「速攻型」に類したアプローチをとり、余裕を持って着手し、前もって終わらせる傾向があります。一方、知覚的態度指向の人は、ぎりぎりまでなるべく多くの情報を集め、結論はその上で出すことを好みます。情報を集めてもなかなか実際にはレポートを書き始めず、期限直前になって着手する「直前駆け込み型」に類したアプローチをとる傾向があります。

ペース配分の違い

判断的態度指向の人は、目標に向かって着実に、スケジュールに沿って進めていくことで、安心感を得ます。一方で知覚的態度指向の人は、前もってたてた計画にしたがうよりも、その時々の意欲と勢いを大切にしたほうがいい仕事ができると考えます。また、期限直前のプレッシャーでやる気と創造性を発揮する場合も多いのです。
　このように仕事のペース配分が違うので、判断的態度指向の人は、なかなか仕事にとりかからないように見える知覚的態度指向の人に対して、「期日に間に合わないのではないか」とやきもきするでしょう。一方、早々に課題を終わらせてしまう判断的態度指向の人に対して、知覚的態度指向の人は、「後から新しい情報やより良い考えが出てくるかもしれないのに、なぜそれほどあわてて終わらせなくてはならないのか」と疑問を持つでしょう。
　共同作業の場合、この違いは大きなストレスとなります。互いのスタイルを理解して、ストレスを与えたり、感じたりしないよう、信頼を損なわないような工夫が必要とされます。

⚜「ちらかった机はちらかった頭」、それとも、「机の上が空なのは頭のなかが空だから」

　部屋や机を見れば、この二つの指向はかなりはっきりとわかります。判断的態度指向の人の仕事場はたいていきれいに整頓されており、それぞれの道具に置き場所が決まっています。書類などもファイルされるか、破棄されるか、すばやく判断され、引き出しの中も効率が良いよう分類されています。判断的態度指向の人は「ちらかった机はちらかった頭」と考え、仕事を能率よく行うためには整理整頓が不可欠と感じます。

一方、知覚的態度指向の人の仕事場には、たいていたくさんの書類が積み上がっています。いつか参照することもあるかもしれないと考えて、書類などもすぐには破棄せずに置いておきます。知覚的態度指向の人は「机の上が空《から》なのは、頭のなかが空だから」と考え、自分の机の上がいっぱいなのは、あらゆる情報に対するアンテナをはりめぐらせ、フル回転で仕事をしている象徴であると感じます。

互いの仕事場を見て、判断的態度指向の人は、こんなにちらかっていてどうやって仕事ができるのだろうと不審に思います。本棚やファイルキャビネットなどをもっときちんと活用すればいいのに、などと考えます。

一方、知覚的態度指向の人はあまりにもきれいに片付けられた判断的態度指向の人の仕事場を見て、手当たり次第に何でも捨ててしまっているのではないか、将来役にたつかもしれない資料なども廃棄してしまっているに違いない、などと考えます。

⚜「時間」に関する考え方の違い

何が「時間どおり」か、についての考えも、指向により異なります。判断的態度指向の人は、「五分前行動」「十分前行動」といったポリシーを持っている場合が多く、会議開始時刻の十分前には席についていて、机の上におかれた会議資料を読んでいるという具合です。一方、知覚的態度指向の人は、開始ぎりぎりに駆け付けてきたり、二、三分の違いは遅刻のうちに入らないと考えがちです。

「時間制限」についての考えも違います。会議などで、判断的態度指向の人は、「何時までに結論を出そう」というように、制限時間を設けて、効率的に結果を出そうと提案することがしばしばあります。時は限りある資源と考え、最大限に活用するため、時計を頻繁に確認しながら仕事を進めます。

一方、知覚的態度指向の人は、あらかじめ決めた時間で会議を打ち切ってしまったら、最善の結論が出ないまま、議論を途中で放棄することになりかねないと考えます。前もって設定したスケジュールにしたがうことよりも、時間をかけて多様な選択肢を検討することや、話を十分に展開させることを優先しようとします。「時間は気にせず心ゆくまで話し合おう」といった態度を示す傾向があります。

一般に、判断的態度指向の人にとっては「ぐずぐずと決断をしないでいるよりは、暫定的でも決断したほうがマシ」であり、知覚的態度指向の人にとっては、「はやまって悪い決断をするくらいなら何も決めないほうがマシ」なのです。

⚜「だらしがない人」か、「人生を楽しめない人」か

もちろん、この二つの指向の人が互いを心から尊敬しあう場合も多いのです。判断的態度指向の人が、すばやく決断し、物事を段取り良く進め、目標をきちんと達成して確実に課題を終わらせ、責任をまっとうするところを、知覚的態度指向の人は尊敬します。また、知覚的態度指向の人が、あらかじめ白黒を決めることなく、オープンに物事の両面をよく観察し、変化に柔軟に対応するところを、判断的態度指向の人は尊敬します。

しかし、この二つの指向の人が互いに偏見を持つ場合、判断的態度指向の人は、知覚的態度指向の人を、計画性がなく、優柔不断で物事が決められず、無責任で、無目的にフラフラしている、だらしがない人と感じがちです。

一方、知覚的態度指向の人は判断的態度指向の人に対して、かたくなで強引であり、独断的、融通がきかず、要求がましく、計画や目標に縛られて半分しか人生をエンジョイしていない、心のゆとりのない人と見がちです。

しかしながら、そんな時は、判断的態度指向の人は「自分の人生の方向が予測できる時に快適に感じる人」であり、知覚的態度指向の人は「状況に応じて臨機応変に対応する人」という互いの原点を思い出して、スタイルの違いを尊重しあっていきたいものです。

⚜ 生徒の指向と教師の指向

一般に、現代社会では、目標をたて、計画に沿って行動し、時間どおりに物事を終わらせる判断的態度指向の人のほうが高く評価されがちです。職場でも学校でも、目標を定め、期限や時間をきっちり守ることやスケジュールに沿うことはとても重視されています。また、アメリカの統計では、教師には、判断的態度指向の割合が特に多いとされています。

ですから、知覚的態度指向の生徒にとっては、学校はともすれば居心地の良くない場所になってしまうこともあります。たとえば、学習に関する細かい計画表を作らせて学びを促進させようとすることは、判断的態度指向の生徒のスタイルには合致するでしょうが、知覚的態度指向の生徒にとっては、かえってやる気をそぐ結果になってしまうかもしれません。

決められたことをやりとげることに達成感を感じる判断的態度指向の生徒は、概して授業に安定感をもたらしてくれます。出席率がよく宿題をきちんとする、いわゆるまじめな学生が多く、教師にとってはありがたい存在です。やらなければいけないことをすませてから遊ぼうという勤労倫理を持っています。

一方、知覚的態度指向の生徒は、授業を、楽しく伸びやかな雰囲気にしてくれます。勉強も仕事も、遊びのように面白くやりたいという気持ちが強いのです。好奇心が強く、その場その場の変化や状況に応じて対処することに充実感を感じる知覚的態度指向の生徒は、その自然体の発言や行動で授業をいきいきとしたものにしてくれるでしょう。

♛ それぞれの成長課題

今日の社会では、判断的態度指向が賞賛されがちですが、あるアメリカの研究者は、判断的態度指向を官僚的、知覚的態度指向を起業家的と定義し、組織に望ましい変化をもたらせるのはむしろ知覚的態度指向の人であると主張しています。判断的態度指向の人は、秩序にしたがうことによる達成志向が強いのですが、知覚的態度指向の人は、既存のシステムから独立した、自律的な達成志向が強い傾向があります。

教師としては、判断的態度指向の生徒と知覚的態度指向の生徒のそれぞれの強みを伸ばすとともに、バランスのとれた成長をうながし、それぞれが陥りやすい問題を回避・克服できるよう見守っていく必要があるでしょう。つまり、目標達成を重視するあまり、新しい情報を取り入れない判断的態度指向の生徒や、情報ばかりを集めていつまでたっても結論を出せないような知覚的態度の生徒には、適切な助言や介入が必要です。

たとえば、判断的態度指向の生徒が、両親の期待にしたがって進路を早い時期に決めてしまい、その後自分にその進路が合わないと感じても、方向転換することに心理的抵抗がある場合があります。長い目で見て、進路変更が適切だと考えられる場合でも、判断的態度指向の生徒にとっては、いったん決めた計画の変更は容易ではありません。

逆に、知覚的態度指向の生徒は、なかなか自分の目標を定められず、そのために勉強に対するやる気が出ない場合があります。好奇心に任せていろいろなことを始めたものの、ひとつとして終わらせることができないような事態に陥ることもあります。また、ぎりぎりまで物事に着手しないため、しめきりに間に合わず、そのために本人が重大な損失を被ることもあります。このような生徒には、期限から考えて逆算し、「遅くともいつには、課題にとりかからなくてはならないか」を決定していくという計画の立てかたを指導する必要があるでしょう。

＜判断的態度指向と知覚的態度指向＞

判断的態度指向（J）	知覚的態度指向（P）
計画やスケジュールに基づいて生活したり、物事を秩序だてて行うことを好む	前もって決めたことに縛られず、柔軟に自然体で生活することを好む
いったん決めたことを、スケジュールにしたがってやり遂げることに充実感を感じる	状況の変化に応じて臨機応変に対処していくことに充実感を感じる
目標を立て、自分の意思で生活を方向づけたり管理・コントロールしようとする	状況に応じて、偶然の出来事や予期しなかった事態に対してもたやすく適応する
結論を出すことや決着をつけることを好む	結論や決定に変更の余地を残しておくことを好む
「仕事は仕事、遊びは遊び」と感じる傾向がある	仕事も遊びのように楽しくやりたいと感じる傾向がある
課題などは最後になってあわてないように計画をたて、前もって終わらせる傾向がある	課題などは〆切や期限のまぎわになって一気にやることが多い
規律正しく合目的的。基準に従ったり物事をきちんと終わらせるのが好き	好奇心が旺盛で、広くいろいろなことを経験してみたいと感じる傾向がある
すみやかに決着をつけようとする（そのほうが計画をたてたり準備しやすくなると考える）	物事を決めずにおこうとする（まだそのことについて知らないことがたくさんあると感じる）
しばしば、他人に対して、この人は～するべきだ、～であるべきだ、という感じをもつ	他人に対して、何をしているのか、これからどうなるのか、などの好奇心をもつ
情報を十分に集める前に決断を急いでしまい、早とちりをしてしまう場合がある	決断が遅れたり、そのために行動に移す機会を失ってしまう場合がある

参考：*Gifts Differing*, 1995

6 指向・タイプにより異なる「常識」

これまで心理学的タイプ論の四つの心理的側面――外向指向（E）と内向指向（I）、感覚指向（S）と直観指向（N）、思考指向（T）と感情指向（F）、判断的態度指向（J）と知覚的態度指向（P）について、概略を説明してきました。

心理学的タイプ論では、各々の心理的側面について、いわば「こころの利き手」のような指向があるという前提に立ち（注・この場合の「指向がある」とは、対極の機能を使えないということではありません。人はすべての心の機能を用いることができますが、どちらか一方をより自然に感じ、好むのです。また、指向はなんらかの能力を示すものではありません。）、その指向をくみあわせて、人を十六タイプに分類し、性格理解の一助にします。タイプ分けそのものが目的ではなく、自分の真の指向やタイプは何かを模索する過程を通じて、自己理解を深めていくことがもっとも大切なことです。

四つの指向に善し悪しがないように、十六タイプの間に優劣はありません。能力やスキルの高低を測っているのでもありません。どのタイプも特有の強みと、いっそうの成長へ向けての課題を持っており、互いを尊重し補いあうべきものです。ですから、この理論は他人を評価・選抜することを目的として使用されるものではありません。また、当然ですが、同じタイプの人間であってもひとり一人は個性的な存在です。人はタイプ以外にもいろいろな要素から影響を受けて、性格や行動が形作られているからです。

⚜ 指向の分布

四つの指向と十六のタイプは、均一の割合で分布しているわけではありません。マイヤーズらの『MBTIマニュアル』（一九九八）によれば、アメリカの一般的な人口に占めるそれぞれの指向の割合はおおよそ以下のようです（このデータはアメリカの国勢調査に基づく人種・性別などの比率に配慮して得られたものです）。

外向指向（E）：内向指向（I）——四九・三％：五〇・七％
感覚指向（S）：直観指向（N）——七三・三％：二六・七％
思考指向（T）：感情指向（F）——四〇・二％：五九・八％
判断的態度指向（J）：知覚的態度指向（P）——五四・一％：四五・九％

ただし、思考指向と感情指向の分布にのみ、はっきりとした性差が見られます。男性では思考指向が五六・五％、感情指向四三・五％に対して、女性では、思考指向二四・五％、感情指向が七五・五％です。

クラス内での指向の分布とコミュニケーション

学校のクラスや家族など、本人にとって重要なグループにおいて、自分の指向（タイプ）が少数派であれば、その子はコミュニケーションの面で多少のハンデがあります。なぜなら、似ている指向を持つ者同士のほうが比較的容易にコミュニケーションできるからです。

そこで、クラスにそれぞれの指向がどれほどの割合で分布しているかを推測してみるのも、教師にとって有益なことです。ある指向において極端な偏りがある場合には、少数派の子どもにとってクラス内でのコミュニケーションは不利になります。自分は変わっているのではないか、と感じ、発言を控えるなど自己表現を抑制することになりがちです。担任もクラスの大多数と同じ指向であれば、なおさらです。

たとえば感情指向の子が多いクラスで、思考指向の子の発言は、他の子とは違う見地からのものであり、子ども同士の間でも「あの子は違う」と感じられてしまうかもしれません。このような場合に、教師は積極的に、思考指向の見地の妥当性や貢献を言葉にして表現し、生徒に多様な見方・考え方に対する尊重の気持ちを起こさせることが大切です。たとえば「○○さんの発言によって、このアイディアを実現した場合のいい面・悪い面の両方の影響を客観的に分析することができましたね」などと。

このように、教師自身が人の多様な見地や価値観を尊重する言動をとることで、生徒たちの良きモデルとなることが重要です。ある子どもの指向が大多数の子どもの指向と違っていても、「違う」ことは「劣る」ことではないんだ…というメッセージがきちんと生徒に伝わることが大切なのです。大人ならば、「稀少価値」という概念も理解されるでしょうが、子どもの頃は「違うこと」が「劣っていること」と結びつけられがちだからです。

子どもの自信とは

クラスのなかで適応している生徒、そうでない生徒を見分ける指標は何でしょうか。そのひとつは、子どもが自分に対する健全な信頼感を持っているかどうかということにあります。著名なカウンセリング心理学者であるカール・ロジャーズによれば、さまざまな不適応の原因は、自分をあるがままに受け入れられないことにあります。その場合、理想の自己像と現在の自分に対するセルフイメージがかけ離れているのです。

それではなぜ、人は、あるがままの自分を受け入れられなくなるのでしょうか。ロジャーズによれば、幼い頃に両親や教師など自分にとって大切な他者から、「こういうあなたなら受け容れるけれど、このようなあなたは受け容れられない」という「条件」つきの愛情を表現されると、人は周囲の期待に添えない自分の感情や欲求を切り捨てるようになります。たとえば、「男の子なんだからめそめそするのはやめなさい。」といわれながら育った子どもは、「男らしさ」とそぐわないような部分は、切り捨てようとします。こうして他人の期待に沿った自分を作ろうとしますが、内心では、あるがままの自分を全体として無条件に受け容れることができないために、その子自身の自分への信頼感は低くなってしまうのです。

心理学的タイプ論によれば、人の指向はうまれつきのものであり、一生を通じて変わることはありません。ですから、ロジャーズ流にいえば、その子が持って生まれた指向をのびのびと伸ばすことができる環境が望ましいのです。健全な成長のためには、まずは自分の持って生まれた、いわば利き手である指向（たとえば感情指向（F））を十分に伸ばせる環境が必要です。利き手でないほうの指向（たとえば思考指向（T））を発達させて、よりバランスがとれた人間へと成長することはその後の段階での課題となります。

親や教師が子どもの生来の姿やニーズを理解し、受け容れるなら、子どもはのびのびと自信を持って育っていくでしょう。しかし、そうでない場合、子どもは葛藤を抱え、場合によっては本来の自分に対する信頼感を失うことになります。たとえば、内向指向の子どもが、「元気に友だちと一緒に外へ出て遊ぶことが子どもらしいことだ」といわれ続け、十分なプライバシーや一人になる時間を与えられなかったりした場合、または、思考指向の子どもが

「大人のいうことは黙って素直に聞きなさい」と叱られ、質問や批判や議論の機会を与えられなかったりした場合、その子どもたちは、生来の指向に沿った行動では周囲に受け容れられないことを感じるでしょう。

自分の指向をのびのびと表現できない環境にあれば、子どもは、周囲の期待に応えるべく、「偽り（見せかけ）のタイプ」を作り、無理をして周りに合わせることもあります。または その反動として反抗的な言動をとったりします。子どもの頃より大人になってからのほうが楽になった、というような人は、育った環境が当人の指向をサポートするようなものでなかったのかもしれません。教師はこのような点に留意して、子ども独自の指向の発達や自己表現を援助し、健全な自信が持てるように導いていくことが大切でしょう。

❦ 教師における指向の分布

それでは教師にはどのような指向が多いのでしょうか。アメリカの統計を見てみましょう。一般の人々と教師との間で指向の分布に違いがあるのでしょうか。外向指向と内向指向の割合に関してはそれほど相違がないようです。しかし、感覚指向と直観指向では、おしなべて教師では、一般の人々に比べて直観指向の割合が高く、特に大学の教師では直観指向が

＜アメリカにおける教師の指向の分布(%)＞

小学校の教師 (調査数　804名)	外向指向(E)：内向指向(I)＝51.6：48.4 感覚指向(S)：直観指向(N)＝62.6：37.4 思考指向(T)：感情指向(F)＝32.1：67.9 判断的態度指向(J)：知覚的態度指向(P)＝ 69.2：30.8
中学校・ 高校の教師 (調査数　1128名)	外向指向(E)：内向指向(I)＝53.3：46.7 感覚指向(S)：直観指向(N)＝55.1：44.9 思考指向(T)：感情指向(F)＝39.5：60.5 判断的態度指向(J)：知覚的態度指向(P)＝ 65.7：34.3
大学の教師 (調査数　2282名)	外向指向(E)：内向指向(I)＝45.8：54.2 感覚指向(S)：直観指向(N)＝36.1：63.9 思考指向(T)：感情指向(F)＝53.4：46.6 判断的態度指向(J)：知覚的態度指向(P)＝ 65.9：34.1
参考： 一般の人々 (調査数　3009名)	外向指向(E)：内向指向(I)＝49.3：50.7 感覚指向(S)：直観指向(N)＝73.3：26.7 思考指向(T)：感情指向(F)＝40.2：59.8 判断的態度指向(J)：知覚的態度指向(P)＝ 54.1：45.9

参考：*MBTI Atlas of Type Tables*, 1986
MBTI Manual, 1998

多くなっています。思考指向と感情指向については、小学校の教師では感情指向の割合が高く、大学の教師では思考指向の割合が高くなっています。また、判断的態度指向の割合が、教師では一般の人々に比べ高くなっていることがわかります。

⚜ 何を「ふつう」と考えるか

教師がどのような方法で教え、どんな事柄にどのように時間を割り振るか、生徒をいかにしつけ、何をほめるか、評価にあたって何を重視するかなどは、教師の指向に強く影響されます。生徒の指向が教師のそれと違ったものである場合に、教師は異なる指向を生徒の欠点として認識してしまったり、生徒を誤解してしまう場合があります。

たとえば第二章で触れたケースを思い出してみてください。外向指向の教師が、内向指向の生徒のやる気を見抜くことができずに、生徒たちを誤解したという事例でした。このようなことを未然に防ぐためにも、教師が心理学的タイプ論を通して自己理解を深めることはよいことだと考えられます。

意識するしないに関わらず、教師は子どもに対して、評価を与える側であり、その意味で優位な立場にあります。何が「ふつう」で何が「ふつうでない」といった、望ましい生徒像に関する教師のイメージは、知らず知らずに生徒たちに影響を与えます。心理学的タイプ論の考え方を参照すれば、「ふつう」の範囲は実に幅広く、多様であることがわかります。

また、教師のタイプにより、生徒のどの行動を「問題」ととらえるか——どの範囲の行動を問題行動とみなすか——に違いがあります。生徒のいろいろな行動を描写したリストを見せて、「問題行動」と考えられる項目にいくつでも○をつける、という調査によれば、思考－判断的態度指向（ＴＪ）タイプの教師は、他の教師よりも、より多くの行動を問題行動とみなす傾向がありました。逆に、問題行動とみなした項目の数がもっとも少なかったのは、外向－直観－感情－知覚的態度指向（ＥＮＦＰ）の教師でした。また、概して、感覚指向の教師のほうが、直観指向に比べ、教師のスムーズな授業進行の妨げになるような行為について、より多くの行動を問題だと考えるようです。

このように、何を問題行動ととらえるかについての判断は、指向によって異なります。教師は自分の指向を意識することにより、何がふつうかということに関する自分の指向による盲点や、自分がどのような生徒を過小評価してしまいがちかについて、気づくことができます。つまり、心理学的タイプ論の考え方を参照することで、自分のなかの「あたりまえ」を意識的に検証することができるでしょう。

以下、指向別に、教師と生徒の指向の違いがどのような影響を与えるか見てみましょう。

●外向指向（E）と内向指向（I）の教師の傾向

外向指向の教師は、概して声が大きく、身振り・手振りのジェスチャーを交えて講義を行い、教室は活気に満ちたものになります。生徒の意見を積極的に取り入れようとし、生徒がどの程度授業内容に集中しているか、生徒の注意レベルに焦点をあてながら授業をする傾向があります。

外向指向の教師は、時に内向指向の生徒を誤解したり、不要に心配してしまうことがあります。たとえば、内向指向の生徒が、一人になって集中して熟考したり、物事を理解しようとしている際、外向指向の教師は、生徒がひきこもってしまっているのではないか、何か心理的な問題を抱えているのではないか、と誤解し心配することもあります。その際、外向指向の教師は、自分がうまく関わっていくことができないと感じて、失望したり無力感を持つ場合すらあるようです。外向指向の教師の授業では、生徒間の話し合いも多い傾向がありますが、外向指向の生徒にとっては刺激的だと感じられても、内向指向の生徒には、騒々しく集中を妨げられるものとして感じられることもあります。内向指向の生徒の、静かな自分ひとりの時間へのニーズを、外向指向の教師はより敏感に意識しておく必要があるかもしれません。

クラスでの話し合いの際など、外向指向の教師は、内向指向の生徒が積極的に自分の意見を表現しないと、物足りなく感じる場合もあります。また、外向指向である自分自身が質問をされてから答え始めるまでの時間が短いために、生徒に十分な考える時間を与えずに答えを求めることがあります。内向指向の生徒には、発言する前に十分な準備時間を与えたり、まずは気のおけない少人数のグループで話し合いをさせてから、全員の前で発表させるなどの配慮が必要でしょう。

一方、内向指向の教師の授業は概して、静かで秩序だっており、あらかじめ決まっている枠組みに沿って展開されます。教師は、生徒の注意レベルよりもむしろ、自分が教えている内容そのものに注意を向けながら授業をする傾向があります。内向指向の教師からは、外向指向の生徒はおしゃべりで落ち着きがないように見えるかもしれません。しかしながら、外向指向の生徒にとっては、自分の考えを発展させるために、学んだ内容を人に伝えたり、ディスカッションしたりすることが必要なのです。また、外向指向の生徒は、静かに講義を聴いている合間に、体を動かしたり、人と討論したりなど、外界からの刺激を受け取る機会が挟まれていると、集中力と意欲が持続する傾向があります。

●感覚指向（S）と直観指向（N）の教師の傾向

感覚指向の教師は、授業内容のなかでも特に、事実、実用的な情報、具体的なスキルを強調します。細かく段取りをたてて、生徒が学ぶべき事項を順序立てて説明します。教師が主導権をとって学びの態様や内容、順序をコントロールし、生徒による選択の幅は比較的狭くしておきます。生徒に対してなげかける質問は、事実に関してのものが多く、正解がきちんと存在するような質問をする傾向があります。

感覚指向の教師から見れば、直観指向の生徒は、細かい事実やデータをひとつ一つ正確に把握しようとせず着実さに欠けるように思われるかもしれません。直観指向の生徒は、まず全体像やポイントを把握してから細かい事実に目を向けるのです。ですから、新しい単元に入る前に、その大まかな全体像を概観することは、直観指向の生徒の学習をスムーズにします。具体的な事実そのものよりもその背景にある意味やパターンを見出すことに興味があり、理論・概念について学ぶことを好みます。また、自分なりのアプローチを工夫できるような課題を好み、ある程度の自由度が残されているほうが、学習意欲がわきます。新しい事柄に関する好奇心が強いあまり、繰り返しの学習には興味を失いがちで、より多様な学習法を必要とする傾向があります。

一方、直観指向の教師は、事実やデータそのものよりもそれらが示唆する意味や関連性、理論や概念を強調します。生徒には、自主的なアプローチや創造性を期待し、選択の幅を広く与え、生徒の意見を反映した授業内容にしようとする傾向があります。生徒に対しては、まとめや評価など（「○○について、あなたの意見を述べなさい」「もしあなたが××だったらどのような方針をとったでしょうか」「学習した内容について、あなたが最も重要だと考えるテーマを三つ挙げ、それがなぜ重要なのか説明しなさい」など）、自分で考えたり、ひとつの答えがないような質問を投げかける傾向があります。

直観指向の教師から見れば、感覚指向の生徒は、細かいことにこだわって、全体のテーマのない話をするように思われるかもしれません。「要するに何が言いたいのか」などと感じる傾向があります。しかし、感覚指向の生徒は、詳細を正確に、順序だてて把握することによってでしか、全体像は把握できないと感じます。事実そのもの、データそのものを楽しむ感覚指向の生徒が正確に事実やデータの詳細を共有しようとすることを、彼らの強みとして認識するべきでしょう。

また、直観指向の教師の指示は、感覚指向の生徒の見地からは詳細に欠け、具体性に乏しく明確でないと感じられることがあります。生徒からの詳細を求める質問に注意深く耳を傾けて対応し、どの生徒にとっても明確で具体的な指示となるように、説明を補ったりサンプルを提示するなどの工夫をする必要があります。また、直観指向の教師の授業は、時にインスピレーションのままに話が違うトピックにそれたり、順序立てて展開していかない場合があり、感覚指向の生徒からわかりにくいと感じられることもあります。しかしこのような場合でも、授業のポイントを書いたプリントなどが配布されてあれば、感覚指向の生徒の混乱を減じる助けとなるでしょう。

思考指向（T）と感情指向（F）の教師の傾向

思考指向の教師は「知は力なり」と考え、生徒の知力を発達させることを重視します。論理的で明快な授業をする傾向があり、生徒に深い知識を与えようとします。ディベートなどを通じて生徒たちが自分自身で考え、独立した思考をするようになってほしいと考えます。生徒が自分の到達度を正確に知れるように、客観性と公平性を重視した評価をします。

思考指向の教師から見れば、感情指向の生徒は、甘えや依存心が強いように感じられることもあります。教師と必要以上に親しくなりたがったり、個人的な関心をもってもらおうとしているなど、独立心に欠けると解釈しがちです。しかしながら、感情指向の生徒にとって、自分が教師から好かれている、教師との個人的なつながりがあると感じることは、学習に対する意欲を増進させるのです。温かい雰囲気の教室で、友達との交流をしながら学びたいという感情指向の生徒のニーズに、個人主義的なアプローチをとりがちな思考指向の教師は、配慮する必要があります。また、批判的なフィードバックはお互いの信頼関係が確立してからにするべきでしょう。

一方、感情指向の教師は概して、生徒ひとり一人の情緒的側面、全人格的な発達に強い関心があります。個々の生徒に対して、ほめたり激励したり注意したりする頻度が、思考指向の教師よりも多い傾向があり、ひとり一人のニーズに合わせて指導します。教室はあたたかみがあり、生徒同士から学ぶこともたくさんあると考え、グループ学習を取り入れます。

感情指向の教師から見れば、思考指向の生徒は、個人主義的で、人に対して批判的すぎるように見えるかもしれません。なんにでも理由を求めるなど、生意気とか素直でないと感じられるかもしれません。しかし、思考指向の生徒にとって、論理的に筋が通っていること、理由が提示されることは非常に大切なことで、学習意欲に大いに影響します。彼らの批判的な思考力を尊重するとともに、他人を傷つけることなく効果的にその批判精神を生かすため、コミュニケーションスキルを身につけるように導いていくことも重要でしょう。

●判断的態度指向（J）と知覚的態度指向（P）の教師の傾向

判断的態度指向の教師は、スケジュールや予定をたててそれにしたがいながら授業をします。教室のふんい気は、静かで秩序だっている傾向があります。目標や評価の基準を前もって示し、計画性と安定感のある授業を行います。

判断的態度指向の教師から見れば、知覚的態度指向の子どもたちは計画性に欠け、だらしなく見えるかもしれません。知覚的態度指向の生徒は、勉強も遊びのように楽しくやりたいと考え、自分の好奇心のまま、自然体で勉強したいのです。スケジュールや規則・決まりは最小限にとどめておいたほうが、学習意欲が高くなります。もちろん、規則正しい生活にも慣れなくてはならないことは確かであり、時間管理を適切に指導する必要もあるでしょう。

一方、知覚的態度指向の教師は、静かで秩序だった授業よりも動きがあって臨機応変に変化する授業のほうが生徒のやる気がわくと考えます。生徒に取り組みたいテーマを設定させたり、生徒たちに問題意識を持たせたり考えさせるような議論を行ったり、グループ活動で生徒同士の交流をうながしたりなど、プロセス重視のアプローチをとります。

知覚的態度指向の教師から見れば、判断的態度指向の生徒たちは、物事に臨機応変に対応できないように感じられるかもしれません。判断的態度指向の生徒は、準備の時間なしに、何らかの活動に取り組むことは好みません。何が到達目標で、いつどのようなスケジュールでその目標に至るのか、などをまず知ることによって安心し、学習意欲が高まります。知覚的態度指向の教師は、物事を予測可能にしておきたい判断的態度指向の生徒のニーズをより意識する必要があるでしょう。

7

指向・タイプにより異なる学習スタイル

⚜ 学習スタイルの多様性

生徒はいったい、どのように教えられれば、面白い、わかりやすいと感じるのでしょうか――この問いに対してひとつの正答はありません。なぜなら、何が面白く、わかりやすい授業かに関して生徒の間に個人差があるからです。その個人差を生み出している要素の一つが「学習スタイル」の多様性です。

多様な学習スタイルを理解することは、より効果的な授業法を模索する上で大きなヒントを与えてくれます。なぜなら、人は自分の好む学習スタイルを、他人も好むはずだと無意識のうちに思いがちだからです。つまり教師は、自分が生徒だったら何が面白く、どの教え方がわかりやすいかを、知らず知らずのうちに基準として授業を行う傾向があります。

心理学的タイプ論を教育現場に応用したことで知られるアメリカの教育学者ローレンスによれば、学習スタイルは指向によって相違します。ですから、たとえば、外向指向の教師は外向指向の生徒の、内向指向の教師は内向指向の生徒の、学習スタイルやニーズが理解しやすいでしょう。教師が自分の学習スタイルを客観的に見つめなおすことは、学習環境や授業運営がどちらかの指向に不利になることを防ぐために有効です。

ローレンスは、教師が学習スタイルの相違に関する知識を活用することで、さまざまな指向を持つ生徒集団の多様なニーズを考慮に入れた授業運営、カリキュラム作成をすることを提唱しています。この場合、教師が、生徒ひとり一人の指向を知っている必要はありません。

外向指向・内向指向の学習スタイル

外向指向（E）の学習スタイル

外向指向の生徒は、自分の考えを口に出して表現すると、考えが深まったり、明確になってきます。ですから、何か学びたいこと・考えたいことがあれば、それを人に話していくことが外向指向の生徒にとって自然です。授業内容を友だちと話したり、問題の出し合いをしたり、グループでディスカッションしたりすることで内容が頭に入りやすくなり、学びが深まります。また、「人と話す」という要素が含まれる課題やプロジェクトは外向指向の生徒の学習意欲を高めるでしょう。例えば、人にインタビューする、ききとり調査をする、学習の成果を展示したり発表したりプレゼンテーションをするなどは、外向指向の生徒のやる気を刺激します。

じっと座って静かに講義を聞いている内省的な学習が長時間続く場合、講義の合間のところどころに、実際に何かを体験したり、人のパフォーマンスを観察したり、からだを動かしたりするなど、エネルギーを外に発散するような活動が、織り交ぜられてあると効果的です。たとえば、他の人も利用できるような教材やデータを作ったり、クラスなどで発表するための準備として学習するなど、勉強の成果が自分ひとりのものでなく、他者との共有を目的としたものである時、外向指向の生徒の学習意欲が高まります。

内向指向（I）の学習スタイル

一方、内向指向の生徒は、外から気を散らされることなしに、静かに集中できるような学習環境を好みます。本を読んで学ぶことを好む内向指向の生徒には、静かな教室で先生の講義を聞き、テキストを参照しながら、各人が内省的に学んでいくような伝統的な授業のありかたが心地よく感じられる傾向があります。

それでは、内向指向の生徒にとって、グループ学習や討論はいわば逆効果なのでしょうか。たしかに内向指向の生徒の学びにとってより本質的に重要なのは、「他者との対話」よりもむしろ「自分の内面での対話」です。ひとり静かに集中して内省することで学びを深めていきます。しかしながら、このような時間がきちんと確保されている限りにおいては、内向指向の生徒にとっても、グループでの話し合いや共同学習は効果的でありえます。但し以下のような点に留意が必要です。まず、活発に意見をいう生徒のほうが望ましい、といった暗黙のメッセージを送らないよう注意する必要があります。また、内向指向の生徒は、自分の考えを頭の中できちんとまとめてから発言したいと感じます。このようなニーズを十分に尊重し、発言の前には静かに内省できる時間を与え、発言をせかしたりしないことが大切です。

また、時には、自分が発言を求められることはないとわかっていて、専ら聞き手に徹することのできる時間を与えられることも、内向指向の生徒にとって有意義でしょう。内向指向の生徒は、他の生徒の発言を聞きながら、自分の考えと比較したり、新たに自分の考えに組み入れたりなど、声には出さないながらも、頭のなかでは十分に考えを深めている場合が多いからです。

時として、内向指向の生徒は、授業中の討論について「自分の意見をいいたかったけれど、いざいおうとした時には、もう違うトピックに移っていた、自分の話もきちんと聞いてほしかった」と感じることもあるようです。自分の考えが洗練されればそれを表現したいと感じ、「○○さんはどう思いますか」と発言の機会を与えられれば言い出しやすい場合もあります。いざ発表する時にはよくまとめられた意見を出してくれる内向指向の生徒ですから、発言の機会を与える際には前もって伝え、十分に心の準備ができるように配慮しつつ、その考えを上手に討論の場に引き出していきたいものです。また、口頭での発表よりも書いて自己表現するほうを快適に感じるので、自分の意見や感想を文章にして提出させるなど文書によるコミュニケーション手段を授業のなかで取り入れていくことも有効です。時として、内向指向の生徒は、たとえ賞賛されている場合であっても自分の作文や作品が公開されたり展示されたりすることに当惑することがあります。このような、内向指向の生徒のプライバシーに対するニーズにも配慮することが大切でしょう。

感覚指向・直観指向の学習スタイル

感覚指向（S）の学習スタイル

感覚指向の生徒は、事実やデータをひとつ一つ順序立てて、確実に理解することを好みます。たとえば、詳細から全体像へ、事実・データから理論へ、身近な経験から原理原則へといった順序で学ぶと頭に入りやすく感じます。

感覚指向の生徒は、具体的で特定的な情報や詳細なデータを注意深く観察したり、記憶することに長けている傾向があります。理解の確実さと正確さを重んじ、具体的な事柄・経験の積み重ねや実践的な知識を重視します。繰り返しをしながら知識を確実にしていくことを好み、ドリル学習を意味あるものと感じます。ただし、細かい部分には正確ですが、要点をとらえることがそれほど得意でない場合もあるので、ポイントをつかむようなトレーニング——たとえば、教科書の一節ごとに重要なテーマを要約させるような——が役立ちます。教師が図や表や要約の文章などによって章や節ごとのポイントを明示して伝えていくことも有効です。

また、教科書の新しい単元に入る前に、五感を使った具体的な体験（実験・観察・実習・見学）をさせたり、関連するテーマを扱った映画やテレビ番組などの視聴覚教材を見せるようなアプローチをとると、内容が理解しやすく感じます。たとえば、実際に機械に触れて、動かしたり解体したりしたあとで、機械のしくみについてテキストを読んで理解するなども有効でしょう。

実用志向が強いため、実際に役立つ技術や事実を学ぶことに意義を感じます。ですから、校外学習、インターンシップなど実社会と関連性があるような活動を楽しみます。

一方、抽象的な概念や理論は、実践的な意味のない、空疎なものと映りがちです。そのため、理論を学ぶことを後回しにする場合もあります。理論は少しずつ、事実や具体的データとリンクするような形で提示されると学ぶ意欲が高まります。

細部に注意を払いながら、順序立てて確実に理解していきたいと考える感覚指向は、文章の初めから終わりまで、順を追って一文一文を丁寧に読みます。もちろん、このような行動は本来賞賛されるべきものなのですが、時間制限のあるテストでは不利になることがあります。学校で行われる各種のテストや入試問題には時間制限がつきものですが、正確さを重んじる感覚指向は、問題文を繰り返し読んで理解を確実にしてから答えにとりかかろうとし、時間がかかりがちです。実際に、知能テストにおいて、受検者に「問題文を一度しか読まないように」と指示すると感覚指向の生徒の得点が上昇したという報告もあります。

感覚指向の生徒は、「大人の世界には学ばなくてはならないいくつかの知識やスキルがある」と考え、「知っておかなければならない事柄」「学ぶべき事柄」を、具体的に平明に教えてくれる教師を望みます。やるべきことは何か、期待されていることは何かをはっきりと教えてくれる教師を好み、「自分なりに考えてみましょう」というような指示はあまり好まない傾向があります。たとえば、課題なども、細かい手順や形式（レポートの字数やページ数、用紙の種類や表紙などの体裁、項目ごとに書くべき内容など）を明確に伝えることが必要でしょう。

感覚指向の創造性は、まず具体的な詳細や構造を把握した後に、発揮されます。つまり、ある事柄について新しい可能性を考える場合には、まず、その事柄について、何を確実に知っているのか、実際のデータはどうなのかを検証し、詳細の積み上げに基づく全体像をとらえ、そこから新しいアイディアを生み出していきます。

たとえば、エジソンは感覚指向の創造性を示す典型例とされています。エジソンは、真空にしたガラス球のなかに細い導線（フィラメント）を入れて電気を流し、電流の熱作用で光を出す白熱電球を発明しました。フィラメントに適した物質を求めて何百通りもの実験を試み、実際に使える電球のフィラメントを見出したのです。このように感覚指向の人は、よく知っている方法の応用を積み重ねていくことで、創造性を発揮する傾向があります。

直観指向（N）の学習スタイル

一方、直観指向の生徒は、具体的事実やデータよりも、ものの見方・とらえ方を提示してくれる理論や概念に興味を持ちます。学習とは、事実を把握するためのものの見方を提示する理論を学んだり、概念を知ることだと考えるためです。

先に全体像やテーマを把握してから細かい事実やデータを見ていくほうが学びやすく感じます。つまり、全体像から詳細へ、原理原則から応用へ、理論から事実・データへという順序で学ぶほうが頭に入りやすいのです。

本や文章を読む時にも、まずポイントは何かを把握しようとして、全体にざっと目を通し、小見出しや頻出する言葉を手がかりに、だいたいこのような内容が書いてある、という目星をつけます。その後で、興味のある箇所の一文一文を読んでいきます。つまり、直観指向の人が、細かい事実を把握する際には、まず、その事柄についての全体像やテーマに焦点をあててから、詳細に注意を向けていくのです。

直観指向の人は、自分が重要と思わない詳細は読み飛ばす傾向があるため、事実誤認したり、細部を忘れたりする場合もあります。しかしながら、文の結論がどのようなデータによって裏付けられているのかを確認する場合など、細かい事象がより大きい目的に結びついている場合には、詳細に注意深く目を向けます。

直観指向の生徒は、のみこみの速さやひらめきを重んじる傾向があります。また、複雑な事柄からパターンや関連性を見つけ出すのがうまいことが多く、抽象的な概念化を好みます。この意味で、アカデミックなものへの親和性が高いといえます。しかしながら、同じ学習方法や内容には飽きやすい傾向もあり、いったん理解したことを繰り返し学ぶことを嫌がります。復習をする時には、友だちに学習内容を教えるような形をとるなど、目新しい形をとると、意欲がわきます。

直観指向の生徒は、勉強にも自分のひらめきや個性をいかしたいという気持ちが強く、自分なりのやりかたを見つけていくようなアプローチを好みます。自分でテーマを決め、仮説をたてたり、予測したりなど、想像力と独自性を表現できる課題を好みます。ですから、直観指向の生徒は、「創意工夫しながらやってみましょう」とか「自分なりに考えながら自由にアプローチしてください」というような、生徒の自主性を尊重する先生を求めます。

感覚指向と直観指向――双方のスタイルに配慮した指導法

四つの対をなす指向のうち、もっとも強く学習スタイルと関連するのが感覚指向と直観指向です。これまでそれぞれの学習スタイルについて説明してきましたが、クラスには両方の生徒が混在しています。それでは、どちらの生徒にとっても役に立つアプローチとはどんなものでしょうか。ローレンスは以下のようなことをガイドラインとして示しています。

・抽象的な概念を導入するときは、よく知っている事実、スキル、概念から説き起こすこと、つまり、身近な事柄から新しい学習内容へと展開していく。
・新しい単元に入る時には、五感を使って体験できるような教材を生徒に与え、かつ、その単元の内容や全体像について言葉で説明する。
・教科書を読むなど言語を介して学ぶアプローチと、直接的に五感を通じて具体的な経験をしながら学ぶアプローチとを併用する。(例・「教科書を読んでこの機械のしくみについて理解することから始めてもいいし、こちらにある実際の機械と部品を観察することから始めてもいい、どちらでも自分の好むほうから始めなさい」と指示する、など)

・レポートなどの課題を与えるときには、いくつかの方法から生徒が自由に選択できるようにする。「いくつかの方法」のひとつに「教師による具体的で詳細にわたる指示に従って課題に取り組む」という選択肢を含める。

思考指向・感情指向の学習スタイル

思考指向（T）の学習スタイル

思考指向の生徒は、物事を論理的に提示し、一貫性のある説明をする教師を有能と感じ、尊敬します。学習する対象に対して客観的で正確なアプローチを求め、科目の内容、教材、講義が、明快で筋道だっていることを重視します。何か課題を与えられる時も、その課題をすることの論理的理由が提示されると進んで取り組む気持ちになります。

何かを成し遂げたい、マスターしたい、物事を深く理解したいという意欲が強く、事象の因果関係を明らかにし、複雑な問題を分析して解決したいという知的向上心を持つ傾向があります。先生からのフィードバックは、自分の達成度を具体的に示すものを求め、能力や結果について客観的に評価されることを好みます。

思考指向の生徒は、概して批判的思考力に優れており、ディベートを通じて学ぶことを楽しみ、自分の意見をはっきりと主張します。明瞭さ、正確さ、一貫した原則を求めて、自由に質問できたり、批判的意見を述べたりできる環境で、やる気がわきます。子どもは素直で従順であるべきだと考えがちな教師は、批判的思考力を伸ばすことと協調性を育むことは、十分両立できることに留意する必要があります。

感情指向（F）の学習スタイル

一方、感情指向の生徒は、あたたかみがあり、生徒と個人的につながり、親しくなるような教師を求めます。また、先生には、結果や成績だけでなく、努力の過程も見て評価してほしいと感じます。先生に受け入れられ、サポートされていると感じると学習意欲が高まります。ですから、感情指向の生徒に対しては、まずその子の個性を受け止めて信頼関係をしっかり作ることが必要です。提出物に先生のあたたかいコメントが記されて返却されるなど、先生からの親身な励ましやほめ言葉は、感情指向の生徒にとって大きな意味を持ちます。

生徒ひとり一人が独立精神を持って勉強を進めていくべきだと考える個人主義的なアプローチをとる教師にとっては、感情指向の生徒は依存的であるとか、甘えていると感じられるかもしれません。しかし、教師との個人的な心のつながりがこうした生徒の大きな動機づけになることに配慮する必要があるでしょう。

和気あいあいとした雰囲気のなかで、友だちと協力しながら学んだり、教えあったりすることは感情指向の生徒にとって好ましい学習スタイルです。ボランティア体験を通じた学習など、自分の勉強が人を助けることにつながれば特に意義を感じます。また、学習内容が個人的に関心を寄せている事柄であったり、自分の価値観に関わるものである時に、学ぶ意欲を一層かきたてられます。客観的な学習内容でも、人間的要素（科学的発見をした人物がどのような人でどんな人生をおくったのかなど）が含まれていると興味を向けやすくなります。

判断的態度指向・知覚的態度指向の学習スタイル

判断的態度指向（J）の学習スタイル

判断的態度指向の生徒は、勉強の計画を綿密にたて、スケジュールに沿って着々とこなしていくことを快適に感じます。ですから、教師が到達目標とそれに至るまでのスケジュールを示し、計画どおりに順序だてて進めていくような授業を好みます。予測しなかった事態に遭遇することを好まず、前もって、なすべき事項、期限、評価の基準などを正確に知りたがります。授業ではなにが望まれていて、何を評価されるのか、ということを前もって明らかにしておくことは、判断的態度指向の生徒のやる気につながります。

判断的態度指向の生徒は、概して根気強い傾向があります。彼らの「終わらせる」「カタをつける」という意欲が、物事を途中で簡単にほうりださない強い持続力を支えています。勉強は本来終わりのないものですが、ある時点で「終わらせた」「けじめをつけた」というような一区切りつけた感じを味わい達成感を持つことが、判断的態度指向の生徒にとって大きな動機づけとなります。ですから、あるレベルに達した際には、適切に区切りや到達点のようなものを設けることは、判断的態度指向の生徒のやる気を持続させる鍵になります。

一般に判断的態度指向の生徒は、課題にはまじめに取り組み、期限前に完成させる傾向があります。反面、「早く終わらせること」に熱心なあまりの失敗もあります。たとえば、レポートの内容に関して、より多くの情報を収集する必要があるのに、早々に書き始めてしまい、情報量が貧弱なまま完成し提出してしまう場合や、後から新しい情報が出てきても一度できあがってしまったレポートに固執して改訂しない場合もあります。

知覚的態度指向（P）の学習スタイル

一方、知覚的態度指向の生徒は、事前の綿密な計画なしに、自分の好奇心のままに勉強していくような、いわば自然体の学び方を好みます。勉強も遊びと同様に楽しんでやりたいと考え、自分なりに何か面白いこと、新しいことを発見したいという遊び心が強いのです。勢いよく集中して勉強したかと思うと、しばらくやる気がなくなったり、また猛然と再開したりなど、その時々の意欲に応じて学習します。

課題も、できれば自分で選んだものを、自分なりの方法で追求したいと感じます。ドリルなどの定型的な学習には概してそれほど興味を感じないのですが、自分なりの新しいやりかたを見つけるとやる気が出ます。

課題などは前もって終えるほうではなく、提出期限が間近になると、そのプレッシャーが刺激となって、にわかにエネルギーがわく傾向もあります。ただし、期限が近づくまで、なかなか着手しないため、周囲からはやる気がないようにも見られがちです。実際、知覚的態度指向の生徒にとっては、「経験してみたいこと、面白そうなこと、魅力的なこと」がたくさん目につきすぎて、期限が迫らないと、ひとつのプロジェクトを終わらせようというモチベーションが結実しないことが多いのです。

しかしながら、知覚的態度指向の生徒は、課題のための資料などを収集するプロセスを楽しみ、情報を豊富に集める傾向があります。期限直前になって書き始めたレポートが思いがけず豊富な資料と深い思考に裏付けられている場合も少なくありません。ただし、情報収集や分析のプロセスを楽しむあまり、まとめたり書き上げたりする時間が少なくなって期限に間に合わなくなる場合もあるので、時間管理に注意する必要があります。

教師に対しては、インスピレーションをわかせるような面白い授業をしてくれる先生が好ましいと考えます。自分の自然体の好奇心がいきいきと羽ばたけるように、ある程度の自由があるアプローチを好みます。

判断的態度指向（J）と知覚的態度指向（P）
——双方のスタイルに配慮した指導法

ローレンスは、判断的態度指向と知覚的態度指向の双方の学習スタイルに配慮したテクニックで、成功を収めたものをいくつか紹介しています。

- 生徒に対して「授業の目標、生徒への期待、必ずしなくてはいけない事柄、課題の内容、期限、評価の基準」などの情報を早い段階で通告しておく。
- 前もって短期・長期の計画を立て、生徒たちにその計画を見せる。
- 教師が生徒に計画を示す際に、その計画を立てた際の思考のプロセスを生徒に説明する。これは特に知覚的態度指向の生徒にとってよい参考となり手本となる。
- 授業計画のなかに「生徒が自由に実験したり調べたりする時間」を組み込んでおく。生徒の好奇心を刺激するようなプロジェクトを準備しておく。

・課題に対するアプローチについて生徒にある程度の自由を与え、創意工夫がなされるように奨励する。

・知覚的態度指向の生徒は時として学習意欲に浮き沈みがあるがそれを批判しない。ただし、提出期限までにきちんと成果を出すことには責任を持たせる。

❦ 指向の合致は指導の効果に影響するか

これまで指向による学習スタイルの相違について見てきましたが、それならば教師の指向と生徒の指向が合致していれば、最高の効果が上げられ、理想的な教育ができると思われるかもしれません。しかし、これまで行われた研究によると、教師－生徒間の指向の合致の度合と、生徒の満足度や成績には関わりがなかったのです。

教師の指導の効果は、生徒とどれほど指向が共通するかということで決定されるものではありません。指向の全く異なる先生から学ぶことが多かったということもあれば、似ている先生から学んで大変満足したという場合もあります。似ている先生から得られるサポートも、似ていない先生から得られるチャレンジも、生徒にとって役立つといえそうです。

心理学的タイプ論によれば、生徒の満足度や授業効果がもっとも高いのは、教師が自分の指向に合致した方法で自らの強みに依拠しつつ、多様な学習スタイルを包含するようなアプローチを工夫する場合です。つまり、先生本人の指向が何かに関わらず、幅広く生徒の多様なニーズに応えるような授業をする教師が、生徒からの満足を引き出すようです。

授業にあたっては、外向・内向・感覚・直観・思考・感情・判断的態度・知覚的態度、それぞれの指向の学習スタイルを考慮に入れて、バランスのとれたアプローチになるように配慮することが望ましいでしょう。具体的には、次ページの表を参考にしながら八つの指向と各々のニーズに関するチェックリストを作り、自分の授業計画のなかで、それぞれのニーズが何らかの形で満たされるように考慮することが効果的でしょう。

また、チームティーチングで自分とは指向が異なると思われる同僚と一緒に教える機会があれば、生徒のより幅広い学習スタイルに応えることができるでしょう。たとえそのようなことができなくても、授業の計画をたてる段階で、同僚からアドバイスを受けたり、共同で教材を作成したりすることにより、生徒たちの多様な学習スタイルに応えることができます。

外向指向（E）	内向指向（I）
・人と話をしながら自分の考えを深めたり明確にする機会を必要とする ・友達と勉強したり、グループ学習を好む傾向がある ・実際に体験したり体を動かしながら学ぶことを好む ・他者との交流の要素が学習に含まれていると集中力がわく。(例：みんなの前で発表するため、他の子に教えるための準備として勉強する等) ・先生や友達と学習内容について話し合ったり討論すると学びが深まる	・外から気を散らされることなく、一人静かに集中して内省できる環境を必要とする ・勉強は一人で、または信頼する少数の他者と行うことを好む傾向がある ・自分の考えがまとまるまでは発言しない慎重さがある ・本を読んだり、文章を書いたり、観察したりすることを通じて、内省的に自分の思考を深めていくことを好む ・学習内容を個人的な関心と結びつけながら自分のペースで勉強する
感覚指向（S）	**直観指向（N）**
・実際に役立つ技術や事実を学ぶことに意義を感じる ・事実やデータをひとつ一つ順序だてて確実に理解することを好む ・詳細を把握したあとでテーマや全体像に目を向ける ・五感を使って体験できるような学習（実験・実習・見学・視聴覚教材）を好む ・身近な経験や具体例から抽象的概念へという順序で説明されると理解しやすく感じる ・繰り返しをしながら知識を確実にしていくことを好む	・実用的な事柄や細かい事実より、理論や概念に関心をもつ傾向がある ・先に全体像やテーマを把握してから、細かい事実やデータを見ていくことを好む ・勉強に自分のひらめきや個性を活かしたいと感じ、自分でテーマを設定したりなど独自の視点や創造性を盛り込めるような課題を好む ・既に習得したスキルや知識を繰り返し学ぶことを好まず、新しい事柄を学ぶほうを好む傾向がある

参考：*People Types and Tiger Stripes*, 1993

＜指向と学習スタイル＞

思考指向（T）	感情指向（F）
・物事を筋道だて、明快かつ正確に説明する教師を有能と感じ、学習意欲が増す ・事象の因果関係を明らかにすること、面白い問題を客観的かつ論理的に分析したり解決することに興味がある ・学習内容をマスターしたい、何かをなしとげたいという達成意欲が強い ・批判的な思考力があり、討論を通じて学ぶことを楽しむ ・能力や成果について客観的な評価を求め、自分の到達度を具体的に知りたいと願う	・生徒に対してあたたかく、結果だけでなく努力を認めて励ましてくれる教師のもとでやる気が増す ・教師に受け容れられていると感じると学習意欲が高まる ・和気あいあいとした雰囲気のなかで友達と協力しつつ学ぶことを好む ・自分が個人的に深く関心を寄せている事柄やトピックについて学習したいと願う ・人を助けることにつながるような目標を持つ課題（例：ボランティア体験）を好む
判断的態度指向（J）	**知覚的態度指向（P）**
・勉強の計画を綿密に立て、スケジュールに沿って着々とこなしていくことを好む ・授業では前もってなすべき事項・期限・評価の基準等を正確に知りたがる ・手をつけたことはきちんと終らせることを重視する ・課題にはまじめに取りくみ、期限を守る傾向がある ・課題を早く終わらせることに熱心なあまりの失敗もある（例：情報を十分収集せずにレポートを完成させてしまうなど）	・自分の好奇心のままに勉強していくような、いわば自然体の学び方を好む ・勉強も遊びと同様楽しんでやりたいという気持ちが強く、やる気がわいた時に一気に勉強する傾向がある ・新しいことを発見したり、自分なりの面白いやり方を見つけたいという遊び心が強い ・自主的に課題を選んだり、自分なりのやり方で学習することを好む ・期限が間近になるまで課題に着手しないことが多い

コラム・2　自信はどこから生まれるか

高名な心理学者であり、カウンセラーでもあったロジャーズによれば、さまざまな問題行動や不適応の原因は、ありのままの自分を受容できないことにあり、自分で自分を認められることは、心の健康と成長のための必要条件となります。また、健康な人間の心理を研究し欲求階層説を唱えたマズローは、人のもっとも高次の欲求は自己実現への欲求ですが、その前段階として、自尊（および承認）への欲求という、より基本的な欲求が満たされることが必要であるとしています。

ある心理学者の実験によれば、実験参加者に一時的に自信を喪失させるような体験をさせると、他人に対してより批判的な見方をするようになる傾向がみられました。自分の良さを認めることができれば、他人を認めることも容易になり、自分に対して過度に批判的になれば、他人に対してもそうなる…というような研究結果は、自己受容の重要性を説いたロジャーズやマズローの見解と合致しています。

自信を測る尺度として心理学の研究でよく用いられる項目には、「自分自身に対して肯定的である」「全体として自分に満足している」「自分には少なくとも人並みの価値があると感じる」…などがあります。この場合の自信とは、自分に対してポジティブな感じを抱いたり、自分のことを好きだと感じる度合で、必ずしも他人と比較することによる優越感を指してはいません。他人との比較に基づいた自己評価は一時的なものであることが多く、社会的に成功をおさめているにもかかわらず内面では自分に自信がもてずに苦しんでいる人はたくさんいます。

しかし、現実には、生徒たちは自分と他人を比較して優越感や劣等感をもつことが多いでしょう。また、その比較にしても、成績や運動能力などごく限定された範囲における、目につきやすい能力のみを対象にしていることが多いでしょう。「自分には他人と比較してこれといって自信の持てる能力がない」などとコンプレックスを感じている生徒も少なくないかもしれません。

ですから、教師としては、「自信は、必ずしも他人より優れているかどうかに基づくものではない」というメッセージを折にふれ伝えていきたいものです。その際、教師の実際の行動と態度を通してそのメッセージが生徒たちに受け取られれば、より効果的でしょう。つまり、生徒たちと接する場合、教師が、他のクラスメートと比較して云々といった「相対評価」の視点ではなく、その生徒自身を見つめた、いわば「絶対評価」の視点で生徒の強みを見出していき、例えば生徒をほめる時に「他の生徒と比較して」という見方からでなく、その生徒自身のもつユニークな個性に着目することが大切だと思われます。

また、「自分は何もとりえがない」と自信を失っている生徒には、勉強に限らないどんな分野のことでも、また、他人から見ればどんなに些細なことであっても、自分で自分を誇らしく思えた経験を書き出してみるように薦めるのも効果的かもしれません。就学前、小学校時代、中学校時代…と表を作り、例えば、お母さんの手伝いをよくしてほめられていた、とか、小さいころ虫を採るのがとても上手だったなど、それぞれの時期を思い返しながら、二、三項目ずつ書き出していくのです。ここでいう誇らしく思えることとは、あくまで「本人から見て」であって、他人から見て大きなことかどうか、客観的にみて優れたことかどうかは無関係です。日ごろ、他人との比較に汲々として、自分を見つめることを忘れがちな生徒が、自らの視点で「自分なりのいいところ」を見いだすことは、本来の意味での自信を取り戻す、一つのきっかけになると考えられます。

8 指向・タイプと進路選択

❦ 自己理解と進路選択

「先生、私はどんな職業に向いているでしょうか」――先生方は、こんなふうに生徒から進路について相談を受ける機会も多いことでしょう。まだ人生経験の少ない若者にとって、自分の適性を客観的に見極めるのは至難の技です。たとえ本人が個性をいかした専攻を選んだり、仕事に就きたいと望んでいても、自己理解が十分でなければ、ついつい周りの期待に流されたり、偏差値によって学部を選んだり、見た目の華やかさに惹かれたりしてしまいがちです。

納得のいく進路選択をするためには、自分の個性をよりよく理解すること――何が強みであり、どんな環境で快適に感じるのか、などについて把握することが必要です。最近の就職活動のマニュアル等でも、「自己分析」は就職活動を始める上での第一歩とされているようです。

❦ 自分の指向を表現できる職業に惹かれる

心理学的タイプ論によれば、人は、自分の指向を活かす機会が多い職業に興味を持ち、また、そのような職業を通じて満足を感じます。ですから、進路選択の際には、その仕事を通じて自分の指向をどの程度発揮できる機会があるかを検討することが必要です。

もちろん、進路選択が指向だけで決定されるわけではないことはいうまでもありません。能力、興味、価値観、労働市場の状況などいろいろな要因で決定されるものです。

また、「この指向にはこの職業」というような、指向と職種との一対一の対応があるわけではありません。同じ職種でも、いろいろな仕事のしかたが存在します。たとえば、同じ弁護士でも、大企業の法律顧問の仕事をする弁護士と、離婚や相続など個人の家庭内の問題を扱う弁護士とでは職種は同じでも、仕事の内容も、必要とされるスキルや知識も、だいぶ異なります。このように同じ職種でも自分の個性に合うようなアプローチをしたり、積極的に周りの環境に働きかけることも可能でしょう。

⚜ 職業選択に影響を与える指向の組み合わせ

これまでの研究やデータによれば、職業選択にもっとも影響を与えるのは、二つめの心理的側面（情報の取り入れ方－感覚指向（S）と直観指向（N））と三つめの心理的側面（判断のしかた－思考指向（T）と感情指向（F））の組み合わせです。

つまり、感覚－思考（ＳＴ）、感覚－感情（ＳＦ）、直観－感情（ＮＦ）、直観－思考（ＮＴ）の四つのグループを比較すると、職業により、分布にはっきりとした偏りが見られるのです。以下に、アメリカでの統計データを参照しながら、四つのグループの職業選択に関する特徴を見ていきます。

● 感覚指向（S）＋思考指向（T）

事実やものを取り扱ったり、実用的な専門技術が求められるような仕事に惹かれる傾向があります。事実やデータを客観的に分析したり、利益と損失など、明確かつ具体的な結果が出ることに興味を持ちます。アメリカでのデータによれば会計士、銀行員などにこのグループの占める割合が比較的高くなっています。

● 感覚指向（S）＋感情指向（F）

実用的な側面で人の役にたったり、サービスを提供するような仕事に興味を持つ傾向があります。アメリカでのデータによれば、看護師や小学校の教師に、このグループの占める割合が比較的高くなっています。

直観指向（N）＋感情指向（F）

人の潜在的な可能性を見出し、それを伸ばすことに関心があります。他者を理解し、人間的成長をうながすことやコミュニケーションが求められるような仕事に惹かれます。アメリカの統計では、カウンセラー、ジャーナリスト、芸術家にこのグループの占める割合が比較的高くなっています。

直観指向（N）＋思考指向（T）

理論的な概念や枠組に興味があり、客観的に物事の関連性や可能性を洞察したり分析したりすることを好みます。アメリカの統計では、科学、技術、工学など理科系の研究者にこのグループの割合が比較的高くなっています。

職業が人を作る？

このような統計に接すると、「人は、ある職業についたから、それに合ったパーソナリティを示すようになるのではないか。パーソナリティが先にあって、職業選択が後ではなく、職業がパーソナリティに影響するのではないか。」という疑問を持たれるかもしれません。

このような疑問はもっともなのですが、「ある職業についた人のなかで、どの指向の人が仕事をやめたり、転職する割合が高いか」について調べた研究によれば、やはり、パーソナリティのほうが職業選択を方向づけているという結論になるようです。

転職をした人が、どのような職場環境からどのような職場環境へ移動したのかを調べると、当人と同じ指向の人が少ない環境から、多い環境への転職が、その逆のケースよりも、圧倒的に多いのです。たとえば、ある組織で「接客」を担当していた従業員を数年後に追跡調査したところ、その仕事を継続していた従業員には圧倒的に感情指向が多く、思考指向の従業員の多くは既に転職していたという報告もあります。このような事例は、人は自分の指向を表現する機会の多い仕事に惹かれ、満足する傾向があるという心理学的タイプ論の考え方を支持するものだといえるでしょう。

少数派の強み

しかしながら、ここで忘れてはならないのは、上述した指向と職種との関連は「一般的」かつ「おおまかな」傾向にすぎず、現実にある職種で成功している人のなかにはさまざまな指向やタイプの人が実際に存在する、ということです。ですから、この指向ならこの職業が向いているなどという単純な見方によって、進路選択が左右されるべきではありません。

たしかに職業選択と指向（タイプ）との関連は、統計的には顕著な傾向として存在します。しかし、ある職業で自分のタイプが少数なら、それを逆に強みとしていかすこともできるのです。その業界で、パイオニアとして新しいアプローチや洞察をもたらすことや、ユニークな存在になったり、自分の強みをいかした専門分野を作ることも可能です。

たとえば、アメリカの統計では、カウンセラーにはＮＦ（直観＋感情指向）が多いということでしたが、データを正確かつ客観的に分析することに関心をもつＳＴ（感覚＋思考指向）のカウンセラーは心理検査のエキスパートとなるなど、自分の強みをいかすことが考えられます。また、アメリカの統計では弁護士にはＮＴ（直観＋思考指向）が多かったのですが、フレンドリーで労を惜しまず人のために尽くすＳＦ（感覚＋感情指向）の弁護士や、世の中を良くしたいという理想と情熱を持つＮＦ（直観＋感情指向）の弁護士が、それぞれの強みをいかして個性的な弁護士となる場合も多いでしょう。

ひとつの職種に同じような指向やタイプの人ばかりならば、視点や方向性が偏り、発展の余地が狭まる場合もあります。ですから、ある職種のなかの少数派は、その個性をいかした活躍をすることで、その職種に大きく貢献することができます。ただし、同じ職種の多くの人との相違を考慮しながら、上手にコミュニケーションをはかっていく必要もあるでしょう。

外向指向（E）	内向指向（I）
・多くの人と接触する機会があったり、オフィス外での活動が含まれるような仕事を好む ・多様性に富み、いろいろな活動が展開している環境を好む ・長い時間がかかるゆっくりしたペースの仕事には根気が続かないことがある ・回りに人がいることを好む傾向がある（特に感情指向（F）でもある場合）	・集中するための静寂が確保されている環境を好む ・一つの仕事に長時間中断せずに取り組んでも苦にならないことが多い ・電話などで自分の仕事を中断されるのを好まない ・大雑把でなく細かいところまで気を配る（特に感覚指向（S）でもある場合） ・一人でも満足して働く傾向がある（特に思考指向（T）でもある場合）

感覚指向（S）	直観指向（N）
・標準的な方法で問題解決することを好む。そのような方法がうまくいかないような問題はあまり好まない ・詳細に注意を払ったり注意深い観察を必要とする仕事を好む傾向がある ・新しいスキルを学ぶよりも既に習得したスキルを使い熟達していくことを好む ・いま現在の状況に焦点をあて、現実的なアプローチをとることを好む	・未来に焦点をあて、これからどうなるかなど可能性について考えることを好む ・解決するべき新しい問題がどんどんでてくるような仕事を好む ・既に習得したスキルを使うより、新しいスキルを学びたがる ・同じことを繰り返すような仕事を嫌う（特に知覚的態度指向（P）でもある場合）

参考：*Gifts Differing*, 1995, *MBTI Manual*, 1998

＜仕事における指向の影響＞

思考指向（T）	感情指向（F）
・数字、もの、考えなどを、論理的に秩序だてたり分析するような仕事を好む ・知らずに人の気持ちを傷つけてしまう場合がある ・関係者の感情や願望に十分な注意を向けないで決断をしてしまう時がある ・職場では課題重視であり、公平に扱われてさえいれば満足である ・たとえ気が進まなくても人を叱責することができる	・人に奉仕するような仕事をすることや和気あいあいとした職場環境を好む ・たとえ小さいことでも人を喜ばせることを好む ・自分や他の人の個人的な好き嫌いで、物事を決めてしまう場合がある ・職場でほめられたり個人的な関心を向けられることを必要とする ・人を叱責したり苦言を呈するのが苦手である

判断的態度指向（J）	知覚的態度指向（P）
・計画だてて仕事を進めるとうまくいく ・物事をきちんと終らせたり決着をつけることを好む ・物事を終らせてしまいたいと熱望するあまり、しなければならないことがでてきても気づかない場合がある ・いったん決断してしまうと満足する傾向がある ・決断が早すぎることがある（特に外向指向（E）でもある場合）	・変化する状況に柔軟に適応することを好む ・物事に変更の余地を残しておくことを好む ・他に面白そうな事柄を見出すと、つらい仕事を後回しにしてしまう傾向がある ・好奇心が強く、物事や人について新しい視点・考え方に興味をもつ ・なかなか決断できない場合がある（特に内向指向（I）でもある場合）

コラム・3 落ち込んだ気分に対処するには──認知療法の考え方

気分がめいっているとものの見方、考え方もネガティブになる──こんな経験を多くの方がお持ちでしょう。それでは、「めいった気分」と「ネガティブな思考」、どちらが先でどちらが後なのでしょうか。

認知療法というカウンセリングの理論によれば、先行要因はネガティブな思考であり、その結果として憂鬱な気分がもたらされます。つまり、人が「どう感じるか」は、あるできごとや状況に対して「どう考え、解釈するか」に起因するのです。

例えば、あなたがある人にあいさつしたのに、その人があいさつを返さなかったとしましょう。これを「私が何か嫌われることをしたからに違いない」と解釈すれば、あなたは憂うつな感情に支配されるでしょう。しかし、「あの人は今日、機嫌が悪いのかもしれない」と考えれば、そのような感情がおこることはないでしょう。このように、人の思考は、しばしば実際の出来事以上に、人の感情に強い影響を与えるのです。

認知療法の考え方によれば、沈んだ気持ちになりやすい人は、さまざまなできごとに対して、必ずしも現実に即さない、歪んだ解釈をしている場合が多いのです。この歪んだ認知（考え）を修正することで、感情や行動をその場に適したものに変化させていく試みが認知療法の核となります。「認知の歪み」の例として次のようなものがあります。

一「全か無か思考」 物事を極端に二分割して考えてしまいます。例えば、いつもはオールAの成績優秀な生徒がたまたま一つの科目でBをつけられ「もう自分はおしまいだ」などと意気消沈するような場合です。

二「過度の一般化」 一回または数回の出来事を過度に一般化して、それが全ての状況にあてはまると考えてしまいます。例えば、ある特定の人との人間関係がうまくいかなくなった時、「私はどうせ誰とも人間関係をうまく築いていけないダメ人間だ」などと、人間関係全般に対して絶望するような場合です。

三「独断的な推論」 確かな証拠もないのに、自分の憶測で物事を決め付けてしまいます。例えば、出した手紙に返信がなかった時、実際には相手は忙しくてすぐに返信できなかっただけかもしれないのですが、「私のことが嫌いだから、私の手紙を無視しているのだ」などと結論づけてしまうような場合です。

四「個人化」 何か良くないことが起こった時、客観的な証拠もないのに、全部自分の責任だと考えてしまいます。例えば、自分が司会をしていた会合で、参加者の発言が少なく盛り上がりに欠けたことを「私の進行のしかたが悪かったせいだ」などと思い込むような場合です。

誰でもこのような「認知の歪み」には思い当たるところがあるでしょう。何らかのできごとや状況に対して過度にネガティブな解釈をしてしまえば、憂鬱な感情の餌食になりがちです。このような場合には、(一)客観的な出来事や状況に対し、自分がどのような解釈をしているかをはっきりと意識し、(二)その解釈や考えに歪みはないか、あるとすればどのように歪んでいるかを理解し(例えば「過度の一般化」など)、(三)より合理的で客観的な解釈や考えに置き換えていくことが必要です。

例えば、仕事で何か失敗をして苦情が来たとします。その人の内面には「私はプロとして失格だ」という考えが反射的によぎり、心は憂鬱な気分に支配されるかもしれません。しかし、その際、自分の思考の歪みを意識し、より客観的でバランスのとれた、合理的な考え――例えば、「誰だっていつも成功ばかりということはありえない。失敗したらそれを糧にしてこれからも自己研鑽に努めていけばいいのだ」というような――に置き換え、そのように自分に語りかけるのです。このように、日頃から自分の思考や物事に対する解釈が合理的なものかどうかをモニターすることにより、過度に沈鬱になったり、不安にさいなまれたりすることを回避できるでしょう。

9 指向・タイプにより異なる動機づけ

❦生徒のやる気を引き出すには

どの先生にも、なかなか理解しがたく、どのようなアプローチが効果的なのかを模索しなければならない生徒がいるでしょう。アメリカの教育学者ローレンスによれば、このような「謎の」生徒は、教師自身とタイプが異なることが多いものです。

このような生徒にアプローチする上で重要なことは、生徒の「欠点」を矯正しようとするのではなく、その生徒が何に動機づけられるのか、いわば「意欲のありか」を見出し、それを上手にひきだしていくことです。意欲のありかを見出し、やる気をひきだす――心理学的タイプ論の言葉では、「主機能」を活用するようにうながしていく、ということになります。主機能については後ほど詳しく説明しますが、簡単にいえば、個人がもっとも好み、信頼する心の機能です。その機能が活用されている時に、本人はもっとも自分らしく、やりがいや充足感を得て、自信を持つことにつながります。

ローレンスは、知り合いの教師に相談を受けた際のエピソードを紹介しています。その教師は、ある男子生徒に非常に手をやいていて、どうしたらその生徒を良い方向に導けるのか、途方にくれていました。その生徒は、授業態度が悪く、常に不平不満を述べてふてくされており、クラスメートに嫌がらせをするなどの行動をとっていました。

ローレンスは、心理学的タイプ論の概念を説明し、教師にその生徒のタイプを推測してもらいました。その結果、生徒のタイプはＥＮＴＪ（外向・直観・思考・判断的態度指向）と推測されました。ローレンスはＥＮＴＪタイプがもっとも強く動機づけられること（＝主機能）とは、周囲に論理的秩序をもたらすことであり、何かを管理したり責任を持たされることによって意欲がわくタイプであることを説明しました。ローレンスが、何かの管理をその生徒に任せられないかたずねると、教師は「無理でしょうね。自分自身の行動にさえ責任をとれない生徒ですから。」と答えました。

しかし、後日、ローレンスの言葉を重くみて、考え直した教師は、クラスの図書の管理をその生徒に任せることにしました。すると、その生徒は「まるで別人のごとく」振る舞うようになりました。クラスメートに対する嫌がらせが止まり、図書の管理に熱中し、実際に効率的な管理システムを考え出して、責任を持って実行したということでした。つまり、その男子生徒は、彼にとってもっとも意欲がわくような活動をする機会を与えられたことで、エネルギーを建設的に用いることができるようになり、さらに、その活動を通じて周囲に認められたことにより、対人的な行動にも大きな変化が見られたのです。このように、理解しづらい生徒に対しては、その主機能を推測してみることがひとつの手がかりとなるでしょう。

一四〇ページ以降の表は、ローレンスやその他の研究者の知見を参考に、生徒の行動から指向を推測する際の手がかりとなるような項目を一覧にしたものです。

この表の項目は、実証的研究により妥当性が検証されたものではありません。また、教室で見られる行動は生徒の生活のほんの一部であり、真実の姿をあらわしていないかもしれないことにも留意が必要です。

長年にわたって心理学的タイプ論の研究と実践を行っている専門家であるローレンス自身ですら、他人のタイプを正確に推測することはいまだに難しいと述べています。ローレンスでさえそうなのですから、一般の人にとって他人のタイプを推測することの難しさは推して知るべしで、四つの指向について全て正確に推測できる場合は非常に限られているだろうことを認識しておくことは大切です。人のタイプを誤って推測してしまっているのに、それがあたかも本当であるかのように行動すれば、コミュニケーションギャップは逆にどんどん大きくなっていってしまうでしょう。ですから、タイプに関する推測はあくまで暫定的な仮説として取り扱い、継続した観察を怠らず、自分の推測を随時改訂し続けていくという謙虚で柔軟な心構えが必要です。

そのようなオープンな態度を維持する限りにおいて、タイプ概念を通して生徒について考えてみることは、たとえその推測が全て正しいとはいえない場合においても、生徒に対する理解を深め、生徒とのコミュニケーションの改善につながるとローレンスは主張しています。

⚜ 各タイプの動機づけを表す「主機能」とは

心理学的タイプ論によれば、それぞれのタイプは四つの指向の単純な「足し算」（E＋N＋T＋Jというような）ではありません。たとえば、ＥＮＴＪとＥＮＦＪとは四つの指向のうち三つの指向が一緒ですから、「足し算」の観点からは、多くの共通点があるように見えます。しかしながら、この場合のＴとＦの違いは主機能の違いに関わるものです。そのため、この二つのタイプは何にアイデンティティを持つか、何に動機づけられるか、というパーソナリティの根源的な側面に関して大きな違いがあるのです。ＥＮＴＪの主機能は「思考（T）機能」であり、「周囲に論理的秩序をもたらす」ことが大きな動機づけとなっています。一方、ＥＮＦＪの主機能は「感情（F）機能」であり、「周りの人と調和的な関係を結ぶ」ことが主要な動機づけです。この二つのタイプはひとつの指向（ＴとＦ）しか違わないのですが、アイデンティティのありかたが大きく相違します。

「主機能の影響」について認識することは、教師が生徒の多様なモチベーションを理解し、生徒に効果的にアプローチすることに役立ちます。

主機能とは、感覚（S）・直観（N）・思考（T）・感情（F）の四つの心的機能のうちのどれかで、人がそれを用いる時に、もっとも心地よく、自分らしく感じる機能です。いわばアイデンティティの核ともいえます。外向タイプ（外向指向の八タイプ）は主機能を外の世界で用い、内向タイプ（内向指向の八タイプ）は主機能を内面で用います。主機能を用いるような活動に対しては、本人も興味のある事柄であると自覚していたり、価値をおいている場合が多く、大変意欲的になります。

先にも述べましたように、自分と共通点の多い生徒の動機づけのパターンは比較的容易に理解できますが、自分と異なるタイプの生徒の動機づけや意欲のありかを見出すのは難しいものです。主機能の概念は、さまざまな生徒の動機づけやアイデンティティのありかたを理解し、学習意欲や向上心を引き出すためのヒントを与えてくれます。

四つの主機能と学習意欲

四つの主機能（感覚、直観、思考、感情）は以下のように生徒の学習意欲のあり方に大きく影響します。

・感覚機能が主機能であれば——学習内容が実用的なもの、すぐに役立つようなものである場合に意欲が高まります。

・直観機能が主機能であれば——学習内容によって想像力が刺激されたり、インスピレーションが得られたりするような場合に意欲が高まります。

・思考機能が主機能であれば――学習内容が論理的に体系だっており、物事の因果関係を客観的に学べるような場合に意欲が高まります。

・感情機能が主機能であれば――教師が親身に暖かく生徒に接してくれる場合や、学習内容が当人の価値観や理想にうったえかけてくるものである場合に、意欲が高まります。

心理学的タイプ論によれば、子どもの成長にとって第一に大切なことは、まず主機能を適切に伸ばすことです（その他の機能を発達させて、よりバランスのとれた人間となっていくことはその後の段階での課題となります）。ですから、主機能を使わせて発達させるような教育環境では子どもの望ましい成長がうながされるのです。たとえひとり一人の生徒の主機能がわからない場合でも、この概念を理解することは、教師が生徒のあいだの多様な学習意欲のありかたを意識しつつ、バランスのよい授業を展開していく上で役にたつものです。

授業を計画する際に、それぞれの主機能をもつ生徒の意欲のありかたにうったえかけるような要素が含まれているかどうかを点検してみることが、役立つでしょう。もしも授業の内容が四つの要素をなんらかの形でカバーしていれば、多様な生徒の意欲をうまく引き出すことができ、学習への積極的な取り組みにつなげることができるでしょう。

以下に各主機能について詳しく説明していきます（一三八～一三九ページの表参照）。

⚜ 感覚機能を主機能とするタイプ——ＥＳＴＰ・ＥＳＦＰ・ＩＳＴＪ・ＩＳＦＪ

五感（視覚・聴覚・触覚など）を通して事物を正確に観察し記憶する力に優れている傾向があります。過去の経験、具体的事実や詳細に注目し、実用的な見地から物事をとらえ、「現実はどうなっているのか」ということに興味をもちます。

学習内容が実際に役にたつ実用的なものと感じられるものであることが重要で、抽象的・理論的な内容に偏ると興味を失いがちです。「実際にどうなっているのか」「具体的なデータは何か」ということに注目し、五感を用いて自分が実際に物事を経験するようなアプローチで学習意欲が高まります。

感覚機能を主機能とする四つのタイプは、さらに以下の二つに分けられます。

●ＥＳＴＰとＥＳＦＰ（感覚機能を外界で用いる）——現実に適応していく人

エネルギッシュな行動派であり、「いまここ」の現実を全身で経験したいという意欲があります。その場その場の具体的現実（光景や匂い、音、感触や他人のリアクションなど）を細かく正確にとらえ、それらを楽しんだり、そこから学んだりします。五感を用いたいろいろな経験をすることに強い意欲を持っています。

世界を直接に、行動的に、何らかの枠組みを通さずに経験することが好きで、現実に触れ、耳を傾け、匂いをかぎ、近くから観察するような活動でいきいきとします。このように、五感を用いた具体的な経験から学習することを好むので、実習や実験を積極的にとり入れ、文章だけで理解させようとするのでなくテレビ、映画などの視聴覚教材を使うなどが有効でしょう。また、観察、校外実習など友人といっしょに勉強したりディスカッションをすることもやる気を高めます。

ＩＳＴＪとＩＳＦＪ（感覚機能を内面で用いる）――事実や詳細を把握する人

自分の生きる世界について、事実や詳細を正確に把握することで着実な理解を形成することが重要と考えます。頭のなかにデータを蓄積し、必要に応じてそれを用いて現実に対処していきます。静かに事実を収集し注意深く記憶し、一歩一歩順を追っていくような堅実なアプローチは、勤勉で信頼できるという安心感を周囲にもたらします。

実用性を見出すことのできる課題や、詳細を観察したり事実を記憶するような課題に取り組ませると意欲が高まります。例えば、資料集や地図帳を注意深く読み込んだり、実験の手順や結果を詳細なレポートにする、などもやりがいのある課題と感じられるでしょう。

⚜ 直観機能を主機能とするタイプ――ＥＮＴＰ・ＥＮＦＰ・ＩＮＦＪ・ＩＮＴＪ

概念や理論など、複雑な事柄から要点やパターンを把握することに対する興味があります。複数の事実の関連性に焦点をあて、全体を大づかみに把握したり、物事の新しいやりかたや新しい可能性を見出すような活動を好みます。

独創的でありたいという欲求が強く、それが許される環境ではクリエイティブな個性を発揮することができますが、それが制約される環境では対人的にも内面的にも葛藤が起こる場合もあります。ですから、直観機能を主機能とする生徒には、教師が、彼らの独自性へのニーズを理解してそれに適切に対応することが求められます。また、学習内容に対しては、インスピレーションと多様性を求め、繰り返し作業には退屈してしまいがちです。

直観機能を主機能とする四つのタイプは、さらに以下の二つに分けられます。

ＥＮＴＰとＥＮＦＰ（直観機能を外界で用いる）――常に可能性に挑戦する人

新しい可能性を見出したり模索することに情熱を傾けます。何か新しいアイディアはないだろうかと、常にエネルギッシュに周りを見渡し、インスピレーションを求めています。実際の経験から刺激されて何らかの可能性を思い描くと、それを実現するために周囲に変化をもたらそうとします。

想像力や好奇心をかきたてられるようなテーマの課題が与えられるとやる気を発揮します。自分の興味をインスピレーションのままに追求することを好むので、自由にテーマを設定させて自分なりのアプローチで自分の興味を掘り下げたり模索させるといきいきとオリジナリティを発揮します。この独創性と積極性をいかし、何らかのプロジェクトやイベントを企画するなど自分にとって目新しい課題に取り組む時、いきいきと活動します。

●ＩＮＦＪとＩＮＴＪ（直観機能を内面で用いる）——新しいものの見方を生み出す人

物事の意味やパターンについて自分なりの理解のしかた・とらえ方を見出したいという意欲が強く、新しいものの見方を常に模索しています。また、そのビジョンを実現したいという意欲も持っています。内省的で、洞察力があり、長期的視野を持って物事を深く理解する傾向があります。学ぶこと、思索すること、さまざまな可能性について思いめぐらすことが好きで、アカデミックなアプローチと特に親和性があります。

知的な独立心が強く、独自に学習をすすめていきたいという意欲があります。読書家で、勉強は基本的には一人でするものだという考えをもつ傾向があります。自分でテーマを決めて独自に学習を深めたり、創造性を発揮できるような課題を好みます。

❀ 思考機能を主機能とするタイプ――ENTJ、ESTJ、INTP、ISTP

論理性と分析能力をアイデンティティとし、ある行動や選択が論理的にどのような帰結になるのかなど客観的に物事を分析することを好みます。客観的な真実は何か、原理原則は何かということを見出すことに関心があり、批判的思考力を持って、何が問題かを的確に見出すことに優れている傾向があります。客観的に分析して決断するので、周りにあまり左右されない意思の強さをもちます。チャレンジ精神と向上心を、良い方向に活かしていくことで力を発揮します。

このタイプの学習意欲は「物事が筋道だっているかどうか」ということに左右されます。勉強の内容や教師の言動に一貫性や論理性を認められないと、やる気が失せて、勉強に身が入らなくなる場合もあります。

思考機能を主機能とする四つのタイプは、さらに以下の二つに分けられます。

●ＥＮＴＪ・ＥＳＴＪ（思考機能を外界で用いる）――物事をとり仕切る人

周りの環境を論理的な原則によって管理・コントロールしたり、組織化することに興味があります。リーダーになると、自信ある態度でシステマティックに物事を断行していく行動力を見せます。目標を設定し、それを効率的に達成し、結果を出すべく、自他を動かします。人に率直で歯に衣着せずに発言し、自然とリーダー的な存在となる傾向があります。何らかのプロジェクトでリーダーとなったり、クラスで責任のある役割をまかされると、目的意識をもって新しいことを学ぶ意欲を発揮するでしょう。

●ＩＮＴＰとＩＳＴＰ（思考機能を内面で用いる）――物事を分析する人

自分の思考を組織だて、論理的に一貫した分析を行いたいという意欲が強く、周囲から一定の距離をおいて観察しつつ内省し、物事を理解しようとします。自分に対する基準を高く設定し、人に気を散らされることなく、一人で独立して長時間集中して仕事をしたり学習することができます。何かのテーマを分析してレポートをまとめあげたり、自分の関心のある事柄について図書館やコンピューターでリサーチしたりなど少し難しい課題に取り組むような機会でやる気が出るでしょう。

❦ 感情機能を主機能とするタイプ――ESFJ、ENFJ、ISFP、INFP

自分にとって何が重要か、そして他人にとって何が重要かを考慮して意思決定をし、大切にする人や価値観に対して忠実です。ひとり一人の個性を認め、周りの人と仲良く、暖かい人間関係を築くことを重要視します。人を理解したり、共感したりする力に優れている傾向があります。

このタイプの生徒は、先生が暖かく思いやりのある人であること、先生と親密で個人的なつながりが持てることを重視します。先生からの励ましやほめ言葉はとても意味あるものであり、やる気を高めます。先生からの積極的なアプローチがないと、自分は好かれていないのではないか、価値のない、必要とされていない存在ではないかと思い込んでしまいがちな面もあります。ですから、生徒に対して、折々に励ましたり、親身なコミュニケーションをとりながら、長所を認めていることを何らかの形で伝えるようにしていくことが大切です。また、勉強する内容が、自分の価値観に関わったものであったり、個人的に心を寄せられるものである時、勉強への意欲が強くなります。

感情機能を主機能とする四つのタイプは、さらに二つに分けられます。

◎ＥＳＦＪとＥＮＦＪ（感情機能を外界で用いる）——集団に和をもたらす人

暖かく、親切で、周りの皆と仲良く協力的な関係を築きたいと願い、他人の期待に応えたり、他人のために役にたつことをアイデンティティの核としています。もっともフレンドリーで共感的なタイプで、人を疎外せず仲間に入れようとするなど、人と人とのつながりに関して中心的な役割を果たすことが多くあります。

人との交流を通じた学習を好み、グループで協力するような学習や話し合い、人を助けることにつながるような学習内容にやりがいを感じます。

◎ＩＳＦＰとＩＮＦＰ（感情機能を内面で用いる）——人を支える人

穏やかで控えめですが、自身の価値観や理想が確固としており、それに従って行動したり生活することを重視します。自分にとって何が大事な価値をもつのかがはっきりとしており、大切にする理想や信念、人に対して、献身的に守り、支えようとします。学習する内容が自分の価値観や信念に関係するものであったり個人的に共感できるテーマである時に学習意欲が高まります。自分の興味関心や価値観に関わるようなトピックを選び、独自に深く調べるような課題はこのタイプの生徒にとって大いにやりがいを感じられるものでしょう。

※太字は主機能を表す

思考機能（T）を主機能とするタイプ	
思考機能を外界で用いる [EN**T**J・ES**T**J] ――物事をとり仕切る人	思考機能を内面で用いる [IN**T**P・IS**T**P] ――物事を分析する人
・周りの環境を論理的な原則によって管理・コントロールしたり、組織化することに関心をもつ ・何らかのプロジェクトでリーダーになったり、クラスやクラブなどの組織で責任のある役割を担うと、目的意識と学習意欲が高まる	・自分の思考を組織だてて、論理的に一貫した分析を行いたいという意欲をもつ ・一人で比較的長い時間集中して学習できることが多い ・関心のあるテーマについて図書館やコンピューターでリサーチしたり、分析してまとめるなどの課題を好む

感情機能（F）を主機能とするタイプ	
感情機能を外界で用いる [ES**F**J・EN**F**J] ――集団に和をもたらす人	感情機能を内面で用いる [IS**F**P・IN**F**P] ――人を支える人
・他人のために役に立ちたい、他人の期待に応えたいという意欲をもつ ・グループで協力するような学習や話し合いなど、人との交流を通じた学習を好む ・人を助けることにつながるような学習内容にやりがいを感じる	・自分の価値観、理想、信念に忠実な生き方や行動をしたいという意欲をもつ ・学習内容が自分の価値観や信念に関わったものであると学習意欲が高まる ・興味のあるトピックについて独自に深く調べるような課題にやりがいを感じる

参考：*People Types and Tiger Stripes*, 1993

＜４つの主機能と学習意欲＞

感覚機能（S）を主機能とするタイプ	
感覚機能を外界で用いる ［ESTP・ESFP］ ――現実に適応していく人	感覚機能を内面で用いる ［ISTJ・ISFJ］ ――事実や詳細を把握する人
・「いまここ」の現実を直接的に経験することを楽しむ ・実際に見たり触ったりなど、五感を用いて経験しながら学習することを好む ・実習、実験、視聴覚教材、観察、校外学習などを好む ・友達と勉強したりディスカッションすることを好む	・事実や詳細を正確に把握し順を追って着実に理解することに関心がある ・詳細を観察して記録したり事実を記憶するような課題、実用性を見出すことのできる課題を好む ・資料集、地図帳を注意深く読みこむようなことを好む

直観機能（N）を主機能とするタイプ	
直観機能を外界で用いる ［ENTP・ENFP］ ――常に可能性に挑戦する人	直観機能を内面で用いる ［INTJ・INFJ］ 新しいものの見方を生み出す人
・新しい可能性を見出したり模索したりすることを好む ・想像力や好奇心をかきたてられるようなテーマに対して学習意欲が高まる ・自分の興味を自由に掘り下げるような課題を好む ・プロジェクトやイベントなどを企画することを好む	・物事の意味やパターンについて、新しい見方や自分なりの理解のしかたを見出したいという意欲をもつ ・知的独立心が強く、独自に学習を深めることを好む ・自分でテーマを選んで研究したり創造性を発揮できるような課題を好む

内向指向（I）の生徒にしばしば見られる特徴
・勉強する時は１人、または２人などの少人数を好む ・静かな場所で勉強することを好む ・新しい経験に対しては慎重な態度をとる ・読んだり書いたりして学ぶほうをディスカッションより好む ・口頭より文書で自分の考えを伝えるほうを好む ・まず考えてから行動する ・自分の感情や考えを表現する場合、慎重に時と相手を選ぶ ・質問に答える前には少し間をおき、頭の中で考えをまとめる ・取り組んでいる物事に没頭することが多い ・ひとつのことに取り組んでいる時に、中断されるのは嫌い ・まず読んで理解してから物事にとりかかることを好む ・自分から話しかけるより人から話しかけられるのを待つほう ・遠慮がちで深みのある人という印象を与える ・尋ねられてから自分の考えや感情を表現することが多い ・友人は慎重に選び、少数である ・何か行動を起こした前後には考える時間をもつことを好む ・静かで落ち着いている傾向がある。何を考えているのか他人からすぐには理解されづらいほう ・考えることに時間をかけすぎ、行動にうつさずじまいになることがある

参考：*People Types and Tiger Stripes*, 1993
Differentiation through Personality Types, 2006

外向指向（E）の生徒にしばしば見られる特徴

- 友達といっしょにグループで勉強することを好む
- 人といっしょにいると活気づく
- 新しい経験には積極的に飛び込む
- 実際に経験することを通じて物事を理解したいと思う
- 文書より口頭で自分の考えを伝えるほうを好む
- まず行動してから考える
- 自分の考えや経験をオープンに人に話すことが多い
- 人に話をしながら考えを展開させたり、まとめたりする
- リラックスしていて自信があるような印象を与える
- 何かをしていても、同時に他のことにも気を向けるのが好き
- とりあえず着手して試行錯誤しつつ物事を進めることを好む
- 自分から気軽にあいさつするほう
- エネルギッシュで熱意が伝わってくる印象を与える
- どちらかといえば声が大きく、身振り手振りを交えて話す
- 他人や人のしていることに興味をもつ
- 自由時間には本を読むより、からだを動かすほうを好む
- フレンドリーで話し好きな傾向がある。何を考えているのか他人からわかりやすいほう
- どちらかといえばひとつのことに集中する時間が短く、複雑な手順や長時間かかるような作業はあまり好まないほう

直観指向（N）の生徒にしばしば見られる特徴

- どちらかといえば観察力よりも想像力があるほう
- 物事のパターンや新しい可能性を見出そうとする
- アイディアを思いついたり、追究したりすることを好む
- 詳細よりもまず全体像に注目する
- 理論的なことや洞察に価値をおく
- 想像力や独創性が必要とされるような課題を好む
- 常に何か新しいことを求めているという印象を与える
- のみこみがよく、問題の解決が速いことが多い
- 新しい解決法を必要とするような問題に取り組むのが好き
- 他人とは違った独自性のあるやり方をすることを好む
- 定型的な作業や繰り返しの作業を好まない
- エネルギーがわいたときに一気に勉強することが多い
- 既に習得した知識やスキルを繰り返し使うより、新しい知識やスキルを学ぶことを楽しむ
- 時として、飛躍した結論を出したり事実に関するミスをすることがある
- 話の途中で相手の意図を察知し、人の話を最後まできかないことや、テストなどの指示文を読み飛ばすことがある
- 自分で自由にテーマを選ぶような課題では、あまりにも大き過ぎるテーマを選んでしまうことがある

感覚指向（S）の生徒にしばしば見られる特徴

- どちらかといえば想像力よりも観察力があるほう
- 周りで起こっている物事や具体的な現実をよく観察する
- 詳細を正確に把握し、表にまとめたり記憶することを好む
- 詳細をきちんと順序立てて学ぶのが好き
- 実用的なことや具体的なデータに価値をおく
- 事実や、実際に何が本当かに興味がある
- 現実的で実用的なことを好む
- 辛抱強く、着実であることが多い
- 入念にチェックしたり、正確な仕事をすることを好む
- 物事に取り組む時に「正しいやり方」を知りたがる
- 手順が確立されている定型的な仕事をするのが好き
- 気まぐれでなく着実にコツコツと勉強に取り組むことが多い
- 新しい知識やスキルを学ぶより、既に習得した知識やスキルを繰り返し使うことを楽しむ
- テキストを読んで学ぶより、五感を使うような直接的経験から学ぶほうがより楽しいと感じる
- 教師の指示が明確でないと「例えばどういうことですか」などと具体例を求める
- 自分で自由にテーマを選ぶような課題ではなかなかアイディアが思いうかばない場合がある

感情指向（F）の生徒にしばしば見られる特徴
・関係者の気持ちに考慮して判断することを好む ・人間関係における感情的な側面や理想を大切にする ・他人のために役に立ちたいという意欲がある ・暖かく個人的な人間関係を重要視する ・話を短くビジネスライクにするのは抵抗がある ・人の気持ちを察し、人がどう感じるかを考えながら行動する ・どちらかといえばモノや理論より人間のほうに興味がある ・人の思いやりのなさに腹を立てることが多い ・和を重んじ、いさかいや対立があると動揺することが多い ・仲たがいするのを避けるために同調することがよくある ・自分や周囲の人の価値観を大切にすることでより適切な判断をしようとする ・人の意見は多分正しいだろうと考え、自分も同じような考え方をすることが多い ・人を傷つける可能性があるようなこと、不愉快にさせるようなことを言うのを極力避ける ・批判的なことを言われると、相手が自分のことを嫌いなのではないかと感じる傾向がある ・教師からの親身なほめ言葉や励ましに強く心を動かされる ・自分が受け容れられていると感じると学習意欲が高まる

思考指向（T）の生徒にしばしば見られる特徴

・客観的な分析に基づいて判断することを好む
・原則や基準、方針は固く守ろうとする
・事実や理論を尊び、真理の発見にとりくむ意欲がある
・客観的問題を解決することを重要視する
・話が簡潔でビジネスライクであることが多い
・新しい考えを受け入れる際には論理的な理由を求める
・どちらかといえば人間より理論やモノのほうに興味がある
・人の非論理性に腹を立てることが多い
・知らずに人の感情を傷つけてしまうことがある
・競争を好んだり、負けん気が強いように見受けられる
・フェアであろうとする。なるべく主観をまじえず公平で偏らない判断をしようとする
・知的な議論では、批判的な意見を出すことによって議論の深まりに貢献することを好む
・グループで協力して何かを成し遂げることよりも個人での達成を重視する
・取り組もうとする事柄に対して、自分の能力や成功の見込みに自信がもてないと、やる気を失くしてしまうことがある
・生徒を公平に扱う教師、一貫性のある説明や理由づけをする教師のもとで学習意欲が高まる

知覚的態度指向（P）の生徒にしばしば見られる特徴

・その場その場の状況に応じて融通をきかせることを好む
・あらかじめ計画を立てず自然体で行動することを好む
・どちらかといえば決断力よりも好奇心があるほう
・予期しなかった偶発的な出来事に対しても抵抗なく順応する
・好奇心旺盛で、新しいもの、状況、人を喜んで受けいれる
・面白そうな新しい経験を探し求めることを好む
・柔軟で融通がきき、寛容であることが多い
・最終的な決断はぎりぎりまで待とうとすることが多い
・仕事も遊びのように楽しくやりたいと感じる
・できるだけ多くのいろいろなことを経験してみたいと願う
・自分なりのやり方ができるような課題が好ましいと感じる
・物事を管理したりコントロールすることよりも理解することのほうに関心がある
・「自分は自分、人は人」という態度をとり、他人に対して寛大であることが多い
・あまりに多くのプロジェクトに着手してしまい、始めたことを終えられなくなるような場合がある
・課題などは期限の間際になって一気にやることが多い。時として、情報や資料を十分収集したにもかかわらずまとめ上げる時間が不足し、期限までに完成できない場合がある

判断的態度指向（J）の生徒にしばしば見られる特徴

・物事を決断したり、決着をつけることを好む
・計画にしたがって生活することを好む
・どちらかといえば好奇心よりも決断力があるほう
・予期しない出来事に遭遇することはどちらかといえば苦手
・いろいろな可能性のなかから明確に決断を下すことを好む
・規範や慣習を大切にしてそれに従うことを好む
・自己統制でき、規律正しく合目的的であることが多い
・自分の意見を確固として持っていることが多い
・「仕事は仕事、遊びは遊び」と感じる
・きちんと系統立てて物事を処理することを好む
・明確に定義付けられている課題が好ましいと感じる
・目標を立て、自分の意思で生活を方向づけたり管理・コントロールすることを好む
・「こうあるべき」という自分の基準に、物事を従わせようとする傾向がある
・やるべきことをきちんと終らせてしまおうとするあまり、疲れても休まず働き続け、焦りや不安を募らせることがある
・課題などは、計画的に前もって終わらせることが多い。時として、早く終わらせることばかりに気をとられて、情報量が不足していたり必要な修正や加筆を行わない場合がある

10 気質により異なる価値観

❦ 教育哲学は人さまざま

あなたは生徒にどんな人間になってほしいと考えるでしょうか――このような問いかけに四人の教師が答えました。

教師Ａ　分別のある良識的な社会人として自分の持ち場で責任を果たすような人間
教師Ｂ　自分の個性や理想を大切にしてのびのびと自己実現するような人間
教師Ｃ　はつらつと元気に人生を楽しみ柔軟で適応力がある人間
教師Ｄ　人に流されず自分で独立して物事を考えようとする向上心の強い人間

このように教師の教育者としての哲学はさまざまです。また、教師同様、生徒の価値観も多様です。そうした違いを理解するためには、以下に説明する気質理論が役立ちます。

気質理論は、心理学的タイプ論とともに、アメリカでは大変人気のある、性格についての考え方です。気質理論は、その理論的背景や基本的な仮説において心理学的タイプ論と一線を画すものではありますが、パーソナリティにおける個人間の相違を尊重するアプローチに共通性があり、心理学的タイプ論とともに米国の教育現場で広く参照されている理論です。

❦「四つの気質」論

人の性格をいくつかの類型に分けて、性格理解を容易にするという試みは古来から行われてきました。その先駆者であり、人の気質を四種類に分類した古代ギリシャの医師ヒポクラテスの理論をいわば現代版に発展させたのが、デビッド・カーシーとマリリン・ベイツの気質理論です。彼らの著作 *Please understand me*（邦訳『カーシー博士の人間×人間セルフヘルプ術』小学館プロダクション）はアメリカにおいて自己理解のための良書としてロングセラーとなりました。

カーシーたちは、心理学的タイプ論の、特定の二つの指向のコンビネーションが、ヒポクラテスの四つの気質と似ていることを発見しました。二つの指向のコンビネーションとは、感覚指向（S）＋判断的態度指向（J）、感覚指向（S）＋知覚的態度指向（P）、直観指向（N）＋感情指向（F）、直観指向（N）＋思考指向（T）です。それぞれの気質の特徴をもとに、SJは責任遂行派、SPは行動派、NFは理想派、NTは理論派とされています。

❦ 四通りの価値観を表す四つの気質

気質理論では、心理学的タイプ論の十六タイプが、大きく四つの派に分類されます。責任遂行派には、感覚指向と判断的態度指向を共有するＥＳＴＪ、ＥＳＦＪ、ＩＳＴＪ、ＩＳＦＪが含まれます。行動派には、感覚指向と知覚的態度指向を共有するＥＳＴＰ、ＥＳＦＰ、ＩＳＴＰ、ＩＳＦＰが含まれます。理想派には、直観指向と感情指向を共有するＥＮＦＪ、ＥＮＦＰ、ＩＮＦＪ、ＩＮＦＰが含まれます。理論派には、直観指向と思考指向を共有するＥＮＴＪ、ＥＮＴＰ、ＩＮＴＪ、ＩＮＴＰが含まれます。

四つの気質では、人生においてどんなことを求めているか、何を重視するか、何を自己実現と感じるかが、それぞれ異なります。責任遂行派（ＳＪ）は、所属するグループや組織のなかで自分の責任をまっとうすること、行動派（ＳＰ）は、自分がその時々にしたいことを、妨害されることなく行動に移す自由を持っていること、理想派（ＮＦ）は、自分のユニークな個性を実現し、意義のある人生を歩むこと、理論派（ＮＴ）は知的に向上し能力を高めることを、人生においてもっとも大切な事柄と考えています。

四つの気質はそのニーズ、価値観、才能において、異なっています（次頁の表参照）。そのため、気質理論では、自信や自己実現のありかたは一通りではなく、四通りあることが示

＜４つの気質にしばしば見られる特徴＞

気質	核になる欲求	価値をおくもの	得意なスキル
責任遂行派（SJ）	所属する集団に対してメンバーとして貢献すること。責任感をもって義務を果すこと	規範、秩序、物事の安定性、安全性、ヒエラルキー、伝統	詳細な計画を立てて物事に備え、確実に実行すること。仕事の進行を合理化して効率的に行うこと
行動派（SP）	日常が刺激と変化に富んだものであること。妨害されることなく自発的に行動する自由をもつこと	自由、自然の美、芸術やパフォーマンスの美しさ・巧みさ	移り変わる状況に応じて、臨機応変かつ迅速に適切な行動を起こし、決断力をもって対処すること
理想派（NF）	自分の価値観や理想を大切にし、自己実現すること。人間として成長し、有意義な人生を送ること	調和、協調、自己実現、誠実さ、よりよい未来へのビジョン	他人の可能性を引き出して人間的な成長をうながすこと。人と人との架け橋となること
理論派（NT）	知識を増し、自分の知的能力を高めること。強い意思の力で物事をマスターし、向上していくこと	専門知識、有能さ、論理的一貫性、概念、アイディア、前進	複雑な事柄からパターンを見出すこと。論理的に分析して戦略を立てたり、物事を予測すること

参考：*Effective Teaching, Effective Learning*, 1995

されます。

何らかの組織に所属して、重要なメンバーとして活躍したり、奉仕したり、責任を果たしたりすることに大きな意味を見出します。人や組織の役に立ちたい、奉仕したいという願いが強く、まじめかつ勤勉で、「自分は何をするべきか」を常に考え、適切な行動をとろうとします。自分が組織に貢献していないと感じると罪悪感を感じる場合もあります。

⚜ 責任遂行派（SJ）

社会の規範や秩序を維持することに関心があり、上下関係を尊重し、権威に対しては従順にしたがい、他の人も同様にすると期待します。既存の価値観を受け入れ、伝統的なもの（行事など）を尊重します。これまでのやりかたや前例を大切にするなど、物事の安定性や継続性に価値をおき、変化に対しては懐疑的な場合もあります。

慎重で用心深く、どちらかといえば悲観的で、何か悪いことが起こるのではと心配し、「備えあれば憂いなし」と、準備を怠りません。リストを作り、するべきことを能率よくできるように計画をたてます。

責任遂行派は、社会の屋台骨となるような頼りになる人たちで、家族や自分の所属する組織のために勤勉に働き、終わりまできちんと物事を成し遂げます。詳細な計画にしたがって物事をきちんと進めていくのが得意です。彼らは社会や自分の属するグループのなかで、あたかも保護者・監督者であるかのような役割を果たすことが多いのです。他のメンバーのニーズを満たし、意味ある伝統を維持し、組織に安定をもたらします。

一方、義務感が強いあまりに仕事を断れず、自分がやらなければ誰がやる?と考えて、多くの仕事を引き受け、その結果、ストレスが蓄積し、過労になってしまうこともあります。また、自分自身に対する「~するべき」という規範意識を、他人にも同様に要求してしまう場合もあるために、周囲にプレッシャーと受け取られる場合もあります。時に、頑固、心配性、早とちりをしがち、変化に対して消極的、などという印象を持たれてしまいます。

アメリカの統計によれば、責任遂行派は一般の人々の約四十六%を占めています。教師に占める割合も四つの気質のなかでもっとも高く、アメリカの小学校の教師では五十%、中学・高校の教師の四十四%、大学教師の三十%がこの気質です。責任遂行派は、特に小学校の教師に高い割合で見られるようです。

行動派（SP）

順応性があり、楽天的で冒険心に富んだ精神の持ち主で、自分のその時々の衝動にしたがって行動する自由を何よりも尊重しています。過去や未来にあまりとらわれることなく、「いまここ」に生き、楽しみます。

自発的にアクションを起こし、周囲に何らかのインパクトを与えることに価値を見出します。長期的な目標や計画にしたがって行動するよりも、その時々に心突き動かされるままに自由に行動することで、生きていることの歓びを味わいます。面白いことが好きで、刺激と変化に満ちたエキサイティングな生活を求めます。また、感覚的な経験（食物・衣服・芸術・スポーツ・自然のなかで過ごすなど）を楽しみ、芸術や自然などの美を重視します。

権威を認め尊重する責任遂行派とは異なり、平等主義で、権威が行動力とその実効性を示さない限り、権威であるということだけではしたがいません。自分が自然体でいることを阻もうとする規則や権力などはうっとうしいと感じます。

移り変わる状況に応じて瞬発的に適切な行動を起こすことが得意で、緊急時や危機的な事態でも頭が明晰で、冷静にすばやく対処する決断力と行動力があります。何かを試してみて失敗しても、めげずに他のやりかたを試し、うまくいった時には大きな達成感を得ます。

また、行動派は、何らかの道具の扱いにかけて熟達する傾向があります。道具といってもさまざまで、コマ、けん玉などのおもちゃから、画材、工具、楽器、車、そして言語すらも、行動派のマスターするお気に入りの道具になりえます。これらの道具をマスターすることに駆られ、ついにはまるでその道具が自分のからだの延長であるかのごとくに上達する場合もあり、道具の扱いやパフォーマンスに関して完璧主義の傾向があります。

また、他の気質にとって非常なストレスと感じられるような状況でも、比較的長い間適応していられるという特徴があります。「いまここ」に生きる行動派にとって、過去は終わってしまった事柄であるし、未来はいまだここにない事柄です。その時々ですばやく状況に適応したり対処する力に自信を持つ行動派は、こうしたらこうなってしまうかも、と未来を憂いたり、あの時こうしなければと過去を悔やんだりすることをそれほどせず、その時々の事柄に集中するために、何らかの不快な状況でも時間の経過をそれほど意識しないのかもしれません。一方、長いスパンで物事がどのような結果になっていくのかをあまり考慮しないので、時に刹那的になり、物事を延ばし延ばしにしてしまう傾向も見られます。

行動派は、アメリカ人の約二十七%を占めているといわれています。行動派のなかで教師になる人の割合は少なく、アメリカの統計では小学校の教師の十三%、中学・高校では十一%、大学では六%が行動派で、他の気質と比べ低い割合になっています。ですから、行動派の生徒たちにとって自分と同じ気質の教師を見つけるのはなかなか難しいといえそうです。

❦ 理想派（NF）

人間的に成長すること、「本当の自分」を見出し、自分の可能性を実現していくことが、理想派にとってもっとも大切な目標です。自分のアイデンティティとは何か、意味ある人生はどんなものか、などを自分に問い続けます。常に嘘偽りのない自分自身でありたいと願い、「ありのままの自分」であることを重視します。

また、他人に対しても、個性を尊重し、可能性を引き出したいと願います。理想派の両親にとってもっともうれしいのは、自分の子どもがその子の個性に合ったことをしていると感じられる時なのです。

理想派は人の成長を手助けすることに関心があります。人の気持ちに対する洞察力があり、コミュニケーションが上手で他人にインスピレーションを与えたり、自分自身を大切にする気持ちを起こさせたり、弱い立場の人を励ましたいと願います。人間関係を重視し、人々が仲良く調和していけるように、人と人との間に共通項を見出すなど架け橋役となることが得意です。

自分が重要だと信じる目的のために力を尽くすことで、意味ある人生を送りたいと考えます。このような大切な価値観の実現のために、もしくは、大切な人たちのために、尽力することには労を惜しみません。何が可能かに関するビジョンがあり、そのビジョンを実現するための道筋を示そうと努めます。理想派は、思いやりがあり人の気持ちに配慮するあまり時に自分の立場をはっきりと口にしないことがあります。優柔不断のようにも見られがちですが、ほとんどの理想派は、ゆるぎない信念や価値観を持っており、それらを固く守ります。

理想派は、独自のアイデンティティを表現することを好み、情熱的でクリエイティブです。一方、自己実現やアイデンティティを追求する過程で、時として自己中心的になってしまうこともあります。共感的で思いやり深い一方で人を甘やかしすぎたり、おせっかいになったり、周囲からひいきをしているように見られることもあります。また、人から批判されると傷つきやすい一面も持ちます。

理想派はアメリカ人の約十六％を占めます。教師には比較的多く見られ、小学校では二十七％、中学・高校では三十％、大学では三十三％を占めています。

⚜ 理論派（NT）

知的に向上すること、知識を追求することが重要で、しばしば自身の専門分野のエキスパートになります。自分が有能であると思うこと、そして、周囲にも有能さを認められることを求めています。論理的、抽象的、知的であり、与えられた知識をそのまま覚えるよりも、自分自身で独立して考えを構築することを好みます。また、言語や思考においては厳密で客観的であろうとします。

物事を理解したい、自分の知性を高めたい、そしてそれを表現したいという飽くなき願望があります。個々の事実やデータそれ自体を学ぶことにはそれほど興味はなく、システムやフレームワークに関心があります。物事のしくみを科学的に理解したいという意欲が強く、多様な事象を包括的に説明できる概念や理論モデルに興味を惹かれます。

雑多な事実の間の関連性やパターンを見出したり、データのひとつ一つが全体とどう関係するかについて、他の人には必ずしも明らかではない物事の間のつながりを見ることができます。このため、長期的な視野で戦略をたてたり、物事を予測することに長けている傾向があります。

厳密で正確な言葉の使い方をし、わかりきっていることや似たようなことを繰り返し述べるような冗長な表現を嫌います。とはいえ、自分にとっては明白な事柄であっても他人にとっては繰り返し表現されなければ理解できない場合もあります。このようなわけで、理論派は、時として相手から理解しづらく感じられてしまうことがあります。

学ぼうとする領域に関して完璧をめざし、高い基準を設定するので、自分の能力に関して懐疑的・批判的になりがちです。自分に厳しく、常に向上することを自らに求めます。遊びの時間すらも向上のための時間として見なすこともあります。有能であることを重視するあまり、自分が不得意そうな活動には参加することを拒否する場合もあるほどです。時に自分の知識や能力について傲慢に見えることもありますが、理論派がもっとも厳しい懐疑の眼を向けているのは実は自分自身の有能さに対してなのです。

アメリカの人の約十%がこの理論派です。小学校の教師では十%、中学・高校の教師では一五%、大学の教師では三十一%を理論派が占めています。

コラム・4 「やる気」のメカニズムとは――オペラント条件づけの考え方

アメリカの心理学者スキナーは、経験による行動変容の法則を見出す実験を行い、レバーを押せば餌が出てくる装置のついた箱の中にネズミを入れ、その行動を観察しました。すると、ネズミははじめのうち箱の中でさまざまな行動をしていましたが、偶然にレバーを押し、餌を食べることができました。これを繰り返すうちに、ネズミは箱に入れられるとすぐにレバーを押して餌を食べるようになり、ネズミがレバーを押す回数は徐々に増えていきました。

スキナーのこの実験は、ある行動の頻度は、その行動の結果が良いものであれば、高くなり、そうでなければ低くなるということを示唆しています。つまり、何か行動をして、望ましい結果（「報酬」）が得られればその行動は繰り返されることになります。このように、行動に結果がともなうことにより、その行動の頻度が変化するという現象を「オペラント条件づけ」とよんでいます。また、ある行動の後に望ましい結果を与えることにより、その行動の起こる確率を高めることを「強化」と言います。

こうした原理はネズミだけでなく、人間にもある程度あてはまるようです。勉強をして良い点がとれたり、ほめられたりした子ども、つまり勉強することに報酬が伴った子どもは、一層勉強に励むでしょう。逆に、勉強をしても成績が上がらなかったり、誰からもほめられなかった子ども、つまり勉強することに報酬が伴わなかった子どもは、それ以後あまり勉強をしなくなるでしょう。

オペラント条件づけの視点からは、望ましい行動が起こらない場合や問題行動が観察された場合、それらが当人の内面的な欠陥に由来するというようには考えず、当該行動にどのような結果が随伴しているのかについて分析します。例えば、「無口で自分からほとんど話さない子ども」は、「人と話す」という行為に対して、報酬が伴わなかったために、その行動の頻度が減じたものと考えるのです。

このように、オペラント条件づけの考え方を参照する教師は、自分が生徒のどの行動を強化し、どの行動を強化していないのかに対してより意識的になることで、指導の成果を上げていくことができるでしょう。

大人は概して、子どもの良い行動を強化しようという意図を持っているものですが、時として、知らず知らずに適切でない行動を強化してしまっている場合もあります。例えば、親子のこんな会話を考えてみましょう。スーパーで買い物をしている母親に子どもが「お腹がすいたから、スナック買って」母親「…（買い物に忙しくて無視する）」

子ども「お母さん、お腹がすいているんだけど」母親「…すぐに帰るからがまんしなさい」子ども「やだあー！　お腹すいたー！　スナック買ってー！（大声でわめく）」母親「わめくのはやめて！　お母さん恥ずかしいわ。…まったく…じゃあ、いったいどのスナックを買いたいの？」――よく見かけるような例ですが、この場合、母親は子どもの「わめく」という不適切な行動を無意識のうちに強化してしまっています。

オペラント条件づけの考え方は、「千里の道も一歩から」という諺と合い通じるものがあると思われます。つまり、子どもの一歩一歩の進歩に対して適切に報酬が与えられれば、子どもの努力とやる気は持続し、潜在能力を発揮させることにつながるのです。学力や運動能力には個人差がありますから、大人が子ども同士の相対的な比較にばかり目を奪われていれば、分野によってはなかなか報酬が得られるチャンスが減ってしまう子もおり、本人の努力が強化されることが少なく、結果としてやる気を失ってしまうでしょう。ですから、子どもには、オペラント条件づけの原理を上手に活用して、他人に勝ることよりむしろ、「以前の（一週間前、一ヶ月前の）自分と比べて」確実に歩みを進めた、ということを大人から認められ、本人も誇りに感じて励みにできるような指導を心がけていきたいものです。

11

気質と指導法・学習法

教師にみる四つの気質

四つの気質の概略を説明した前章にひきつづき、本章では気質と指導法・学習法との関連について考察します。気質理論と教育手法についての専門家、フェアハーストによれば、教師がより効果的に生徒を指導するためには、気質に関する知識を手がかりとして生徒の側の多様な学習スタイルやニーズを理解することが重要です。

なぜなら、と、フェアハーストは、時代によってネコの目のように変わっていく「理想の指導法」に言及してこう述べています。算数や国語などさまざまな科目で、もてはやされる指導法には「流行」があり、ある時代に人気のあった方法も時が経つにつれて廃れ、また別の指導法が広まっては消えていく…ということの繰り返しです。一時期に大きく脚光を浴びた指導法が結局は廃れていく運命にあるのは、その手法がある特定の気質の生徒にはうまく機能するが、他の気質の生徒にはそれほど機能しないという事実に由来するのだと、フェアハーストは分析しています。つまり、生徒の学習スタイルやニーズは均一ではないのですから、ひとつの理想的な教え方や指導テクニックを見出そうとしても、それはもともと存在するものではないのです。

このように気質理論の立場からは、教師は「ひとつの理想の教え方」を追究することに力を注ぐのではなく、生徒の間に見られる異なる気質について理解し、それぞれの気質の学習スタイルに適した指導法で生徒にアプローチすることが、教育効果を上げるうえで望ましいのです。

本章ではまず、教師に見られる四つの気質について説明し、そのあとに生徒の四つの気質と学習法について考察します。生徒の異なる学習スタイルに合わせた指導法を模索するためには、まず自分自身の気質に基づく指導スタイルの特徴を分析することが必要だからです。

責任遂行派（SJ）の教師

責任遂行派の教師は、生徒が責任感ある社会人となり、それぞれの持ち場で役割をきちんと果たす良識ある市民となることを期待します。容認できる行動、できない行動を明確にし、生徒たちが規則を守り、自分を律するようしつけることを重視します。

授業においては、到達目標が何であり、生徒に何が期待されているかをきちんと伝えます。よく計画だてられた授業を手順よく展開し、話し方も明瞭な傾向があります。すでに確立されたスタンダードな方法や、自分が生徒として習ったような伝統的な教え方にのっとって教えることを好みます。

授業を行うにあたって基本的な環境、必要条件はきちんと整えられ、たとえば、温度や照明を適切に調節し、教材、備品を機能的に配置します。授業の開始時刻、終了時刻を遵守し、効率的に時間配分をしながら授業を進行します。生徒から見て、責任遂行派の教師の授業には安定感があります。教師の勤勉さ、自分を厳しく律している点は生徒にとっての模範であり、尊敬に値すると感じられます。

責任遂行派の教師は、生徒同士の意見の交換よりも、先生から生徒へのコミュニケーションを重視します。自分が責任を持って授業を管理しているという使命感が強いからです。レポートなどの提出物はすみやかに返却し、生徒の間違いをしっかりと指摘するので、生徒は自分が達成目標に対してどの位置にいるのか、はっきりと知ることができます。

責任遂行派は、きっちりとしつけをするタイプであり、従順な生徒を好む傾向があります。一方で、批判精神旺盛な生徒や自然体で奔放な生徒に対してそれほど肯定的でない場合もあります。生徒がクラスや学校の規則を守ることを当然と考え、自分も規則を遵守します。毎日着実にコツコツと、といった望ましい学習習慣を重視する指導方針は、同じ責任遂行派の生徒たちにとって、ことにやりやすいものと感じられます。

良きチームプレイヤーである責任遂行派の教師は、クラブ活動やＰＴＡなどにも熱心で学校に安定感をもたらす存在です。生徒や学校に奉仕するべく懸命に働き、仕事を引き受けすぎてしまうこともあります。勤勉で責任感のある組織人であり、生徒や同僚にも同様であることを期待します。

⚜ 行動派（SP）の教師

行動派の教師は、生徒が元気にはつらつと、「いまここ」に生きる喜びを感じ、適応力のある柔軟な人間に育ってほしいと期待します。

行動派は元来、あたかも職人が弟子を現場で仕事をしながら教えるような、一緒に作業しながら物事を教えるスタイルを好みます。授業においても、行動派の教師は、生徒にさまざまな活動の経験を与えます。授業はいろいろな感覚的刺激（映画、ビデオ、音楽を使ったり、その他さまざまな小道具が教材として教室に運びこまれます）に満ちており、しばしば生徒を動き回らせます。生徒には、大胆さと実験精神をもって授業に積極的に参加することを期待します。

授業は、一定したペースで進むというよりも、リラックスしたゆったりした時間、興奮や集中が高まる時間が交互にあり、緩急のメリハリがあります。行動派の教師は概してパフォーマンスが上手で、教え方は楽しく、時にはショーのようになることもあります。生徒への話しかけ方も先生然としたものでなく、フレンドリーな口調で、生徒との仲間意識が醸成されます。生徒とはチームメートのように、一体感のある教室作りが得意です。

生徒の対応を見ながら臨機応変の機転によって授業の計画は柔軟に変わっていき、クラスはいきいきとします。授業は毎回違う、変化に富んだものになり、次に何が起こるんだろうというわくわくした感じを生徒に抱かせます。

このように、行動派の教師は、学習を楽しくすることがうまく、生徒にさまざまな活動の経験を与えます。机の前に座って静かに授業を受けさせるだけではなく、生徒に実際に作業させたり、前に出てデモンストレーションに参加させたり、いわばからだで覚えさせるような、活気に満ちた授業をします。生徒は行動派の教師のエキサイティングで面白い授業に惹かれ、教師のプロジェクトにはつらつと参加するでしょう。

このように、枠にはめずに模索する自由を与え、臨機応変に変化する授業スタイルは、生徒に人気があります。しかしながら、正統的な教え方を重視し、授業計画を厳守した静粛な授業をするような同僚からは、共感を得られないかもしれません。

教師全体のなかで行動派の割合は少なく、アメリカの統計によれば教師全体の約一割にすぎません。しかし、行動派の教師は生徒に――同じ行動派の生徒はもちろんのこと、他の気質の生徒たちにも――強い印象を与えます。「いまここ」を楽しみ、多様な物事に楽しみを見つけ、新しい状況に柔軟に対応し、遊びにも時間をとる、という行動派の教師のスタイルは、生徒にとってとても魅力的です。

❦ 理想派（NF）の教師

「ひとり一人の個性を大切にする」――これが理想派の教師の真骨頂です。生徒のまだ開花していない可能性――ユニークな才能や個性――を育て、自己実現を助けたいと願います。また、世の中をより良くするために貢献したい、自分が大切にする価値観や理想を実現したいという熱意を強く持っています。

生徒ひとり一人のニーズや希望に敏感で、クリエイティブにそれぞれの生徒に合わせた方法で教えることを好みます。ワークブックや既製の課題でなく、自分自身で工夫した独自の教材やカリキュラムで教えるなど、ひとり一人の生徒の成長を促進するのに適切な教材と教え方を提供しようとします。このような個性重視の指導のもと、生徒はそれまで気づかなかった自分の才能を発見することがあります。

民主的な学級運営で、生徒の意見を積極的に取り入れます。クラスの雰囲気を敏感に察知し、生徒の個性やニーズに応じて授業内容や教え方を合わせることが得意です。また、生徒同士の交流から、生徒が学べることがたくさんあると考え、グループで話し合いをしたり、友人同士で教えあったりなどの方法を好みます。人と人との交流のなかから生まれるインスピレーションを重視します。

理想派の教師は、生徒の知的成長のみならず、人間的な成長をうながすことにも熱意を持っています。「あなたはこの重要な社会問題についてどのように考えますか」「このような場合に、あなたはどう考え、どう行動していきたいと思いますか」「このような生き方についてどう考えますか」など価値観に関わるような教育にも熱心で、生徒の信念や人生観の形成に役立つような授業に対して積極的です。このような点で、理想派の教師は生徒にインスピレーションを与えます。

クラスのひとり一人と話をし、共感的に関係を持ちたいと考えます。生徒とは個人的につきあい、それぞれの良い面を見出し、ほめて励まします。生徒がストレスをためていたり、落ち込んだりしていれば、喜んで手をさしのべます。また、自分と相性の合わない生徒がいると、その原因を理解して、好きになろうと努力します。このように生徒ひとり一人の気持ちを大切にしたい、みんなを好きでいたいと考えるあまりに、感情的に疲れてしまうことがあります。同時に、皆から好かれたいと考えるので、生徒からの肯定的な評価にも否定的な評価にも影響されやすい面もあります。

❦ 理論派（NT）の教師

理論派の教師は、生徒たちに、批判的かつ独立した思考をする、知的能力の高い人間になってほしいと期待します。与えられる知識を鵜呑みにするのではなく、自分自身で考える力をつけてほしいと考え、生徒に「常識」を問い直すような課題を出し、自分でリサーチすることを奨励します。生徒の思考過程に注意を向け、生徒が洞察力のある問いかけをし出した時、真の学びが始まったと考えます。

生徒には自分独自の考えを追究する自律した個人主義者であることを求め、知的好奇心と独創性を期待します。生徒の知的発見をクラスで共有したり、テーマを決めて討論や論争をさせるなど知的なインスピレーションを与えることを好みます。生徒の知的向上に対する期待が高く、時に優秀な生徒のほうを注目しがちですが、一方、知的能力の多様性にも敏感で、能力に応じて適切なレベルの課題を与えるのが上手です。新しいカリキュラムをデザインしたり、独自の教え方を研究したり開発することを楽しみます。

言葉は正確に使い、慎重に選んで微妙なニュアンスをも伝えようとします。発言のひとつ一つが授業のテーマに関連づけられるように考えられた授業をします。また、同じ内容を繰り返し話すことは、冗長と感じられ、好みません。一回説明すれば生徒が学んでしまうというものではないのですが、生徒を退屈させないように、話を早く終わらせて次の話題へ進む傾向があり、結果として、生徒によっては進度が速すぎると感じられることもあります。

理論派の教師は、高等教育に携わる先生のなかに多く見られ、自分が完全にマスターしたと考える一、二の科目を教えるのが好きです。有能でありたい、深い知識を持ちたいという向上心が強く、常に努力を怠りません。自分の専門とする分野に対して強い情熱をもっていることが多く、その熱意を生徒に伝えることができます。生徒は理論派の教師の知性と知識の深さに惹かれます。

生徒に見る四つの気質

これまで教師の四つの気質について概観してきましたが、次に四つの気質から見た生徒の多様性について焦点をあててみます。教師と生徒の多様性を考える際、以下のような疑問を持たれるかもしれません——たとえば責任遂行派の気質の生徒にとっての「理想の授業」は、行動派の生徒にとってはあまり面白くない授業なのでしょうか。ある気質の教師の授業は、同じ気質の生徒にしか満足してもらえないのでしょうか…。

気質理論を教育現場に応用したフェアハーストはこの疑問に以下のように答えています

――たしかに私たちはすべての生徒に対し一〇〇%満足できるような教師にはなれないかもしれません。しかしながら教師としてもっとも貴重なスキルは、自分と生徒との違いに寛容になり、自分とは違う能力を見出し大切にできる力なのです、と。まさにこの点で、つまり、多様な生徒を理解し、大切にする能力を高めるために、気質理論は教師にとって非常に有用なツールであると説明しています。

責任遂行派(SJ)の生徒

責任遂行派の生徒は、ほとんどの場合、学校での生活に上手に適応します。勤勉で、規則を守り、権威に対しては敬意を払います。与えられた課題はきちんとこなそうとし、慎重ですが着実なペースで進み、十分な時間を与えられればよい成績を残します。

責任遂行派の生徒にとって、日常にある程度の予測可能性があり、自分に何が期待されているかがわかっていることは心やすらぐことなのです。その点で、学校は、あらかじめ定められた日課や手順や目標など、彼らにとって意味あるものを提供してくれます。実際は、常に決まりきったことをするよりも、多少の変化があるほうが楽しいのですが、その変化も「あらかじめ計画された変化」であることを好み、ハプニングや不意打ちなどは好みません。

また、自分の貢献を認めてくれる安定して秩序だった社会集団に属することへの欲求が強く、この面でも、他の気質に比べて学校で問題を起こすことが少ないといえます。

責任遂行派の生徒は、スケジュールや計画をたてて勉強に取り組み、やらなければならないことは期限までに終わらせようとします。教師に対しても、スケジュールにしたがった授業を展開することを期待します。責任遂行派の生徒は、ひとつ一つの具体的な知識の上に確実に知識を積み重ねていくような、よく計画された講義を好みます。すでに習得した知識やスキルを、繰り返し学習することによって確実にするドリル学習などは、責任遂行派の生徒にとって魅力のあるものです。また、ひとつのポイントが以前学習したポイントから明白につながっていくような授業を好みます。

事実を正確に把握する責任遂行派の生徒は、概して○×式や選択式などの試験を好む傾向があります。また、教師には、明確で具体的な指示を求めます。課題や宿題についての詳細は彼らにとって重要です。たとえば、レポートなどの課題を与えられると、望ましいページ数、参考文献の数、体裁（ホチキス止めの方法、表紙のページの作り方）などを正確に知りたがります。そのようなはっきりした基準に見合うことが良い成績を得るひとつの確実な方法だと考えます。

規範に対する意識が強いことも責任遂行派の特徴で、期限や時間を守ろうと努力します。

また、グループ学習などでは、責任感のある良きチームメンバーとなり、しばしば自分の分担以上にチームに貢献します。このように自分が規則を重視するので、ルール違反をするような他人に対しては理解に苦しみ、批判的になります。皆が「常識的」な行動をすれば、それだけ互いに理解や予測がしやすくなり、物事が円滑に進み、ストレスも少なくなるはずなのに、というわけです。

自分の正確さ、注意深さ、責任感、忠実さ、勤勉さ、などを教師に認められたいと願います。責任遂行派の生徒は、常に何らかの基準（到達するべき目標、過去の自分の成績など）といまの自分の状態とを比較しています。このような比較により、時として悲観的になってしまうこともあります。物事のネガティブな側面ばかりに焦点をあてているようであれば、ポジティブな側面にも意識を向けさせてバランスがとれるように手助けすることが必要な場合があります。

また、ほめ言葉は、「一ヶ月前のあなたの語彙量は…で、いまのあなたはそれよりも二十%語彙を増やしました」など、比較に言及したものであればより説得力があります。達成度を示すシールをシートに貼り付けたり、ステップごとに修了証を受けとったり、達成度を示す表やグラフが壁に掲示されるなど、自分の到達度や成果が目に見える形で表現されるのを好みます。

⚜ 行動派（SP）の生徒

「いまここ」を楽しむ行動派の生徒たちは、過去のことを考えたり、未来について心配するのは好きではありません。エネルギッシュな行動派の生徒にとって、その時々の衝動に即して行動する自由はとても大切なものです。そのような生徒たちの活力や勢いをうまく活用する先生が、行動派の生徒にとっての良い先生ということになるでしょう。

行動派はバイタリティがあり、からだを動かすことが好きです。あまり動かないでいると退屈したり、落ち着きがなくなったりします。そのため行動派の生徒たちは授業中落ち着きがないと批判されてしまうこともあります。

しかしながら、行動派の生徒は、自分が好きな活動における練習には大変熱心です。集中力と持続力を持って取り組む結果、高いスキルを身につけます。時には職人芸のようになるまで上達することもあります。

机の前に長時間静かに座っているような授業は苦手で、からだを使ったり、実際に自分の手足を動かして参加するような学習活動を好みます。器具を用いて実験したり、道具で何かを直したり、ものを製作したり、絵を描いたり、デモンストレーションをしたり、実際に何かに取り組みながら学ぶのが好きです。また、口頭発表やディベートなど、話術や弁舌を駆使する機会のある授業も、行動派（特に外向的な行動派）にとってはやりがいのあるものです。このように、個人の能力や器用さ、パフォーマンスにスポットライトがあたるような学習活動を楽しみます。

読書や作文においても何らかのアクションがテーマになっているものや実用的なテーマを好みます。自分が見聞きしたり、体験した、わくわくするような出来事を他人に伝えることが好きです。

行動派は、変化や多様性を楽しみ、決まりきったことは好みません。時にいろいろなことを同時にやりすぎたり、興味が移ってしまったりして、物事を完全に終わらせなかったり、成績が一定しない場合もあります。遠い未来に目標を設定するより、いま、役に立つことのほうに惹かれます。しかし、ひとたびやる気になった時には、ベストのパフォーマンスをするために一生懸命物事に打ち込みます。

人生をエキサイティングで面白いものにしておくため、行動派はチャレンジや競争を生活に組み込みます。自分の限界にチャレンジしたり、他人と競争したり、何かする際にゲーム仕立てにしたり、リスクを賭して物事に取り組んだりします。

実用的で適応力があり、その場で工夫してうまく対応することが上手です。このような資質は、緊急事態に対処するのに大いに役立ちます。何が必要かを冷静に見極め、あるもので工夫し、躊躇なく行動して危機をのりきります。がっかりするようなことがあっても打たれ強く、すばやく回復し挑み続けます。

マイペースな行動派ですが、周りに何らかのインパクトを与えたいと思っています。大胆でリスクを恐れない行動力、熟達して優雅なテクニック、状況に応じて柔軟に適応する力などに誇りを持ち、周囲の人たちにこれらのユニークな特質を認めてほしいと願っています。

行動派の生徒、ことに外向的な行動派を自分の味方につけていると、教師は授業に活気を持たせることができます。こういう生徒は、一人でも、クラス全体のやる気を引き出したり、逆にやる気をそいでしまったりする影響力を持つことがあるからです。

理想派（NF）の生徒

理想派の生徒は、教師との個人的・人間的な関わりを求め、自分をひとりの人間としてありのままに受容してくれる先生を望みます。互いの人間性を尊重するようなあたたかい関係を築いてくれる教師との関わり合いは、理想派の生徒が自分の潜在的な可能性を探索できる土壌となってくれます。特定の行動や能力についてほめられるよりむしろ、やさしさ、洞察力、誠実さなどの人間性について認められることが、理想派の生徒にとってことにうれしいものです。

自分の個性を理解し、それを伸ばそうとしてくれる教師が、しっかりと目を見ながら話を聞いてくれること、答案や作文などに対して親身な励ましやほめ言葉をくれることをとてもうれしく感じます。「多くの箇所に優れた表現がある」「Aレベルの作文である」というような客観的なコメントよりも「あなたは表現力がとても豊かですね」というような親しみを感じるフィードバックのほうが理想派の生徒にとっては励みになります。

他人に対して親切で、人間関係を重視し、みんなを尊重したい、仲良くなりたいと考えます。人との共通点を見出すのが上手で、コミュニケーション能力に優れている傾向がありま す。理想派の生徒にとって、友情は大変重要です。クラスメートが互いに協力しあい、誰も取り残されないような、和気あいあいとしたクラスを望みます。人間関係における葛藤は、理想派の生徒にとって大きなストレスとなります。クラスがギクシャクしている時は、自分が和をもたらすためにがんばることもあります。人の良い面しか見ないという傾向もあり、特に人生経験のない若い時期には、人を理想化してしまったり、信頼しすぎてだまされてしまったりすることもあります。また、批判に弱く、傷つきやすい側面もあります。

理想派の生徒は、自分のアイデンティティを追求したい、自分にとって意味のある人生とはどのようなものか探求したい、という気持ちが強く、そのような欲求と関連する学習内容には大変興味を惹かれます。たとえば、歴史では、事実に焦点をおいた学習よりも、歴史上の人物の信念や心情に焦点をあてた学習を好みます。ファンタジーやミステリー、恋愛小説や詩など、概して読書が好きな傾向がありますが、なかでも人々の生き方や価値観に焦点をあてた小説や伝記に、特に興味を惹かれます。他人がどのように人生の意味を見出すか、どのような価値観を持つのかを知り、同時に自分自身の生き方や価値観についても考えを深めたいと願います。そのような学習内容についてクラスメートとグループで話し合うことは、学習をより自分自身にひきつけたものにでき、有意義と感じます。

理想派の生徒の多くは、自分の個性をいかした文章——たとえばエッセイや詩など——を書くことが好きです。また、試験においても、○×式や選択式の問題よりも、文章題を好む傾向があります。

また、授業では、友だちと協力しながら勉強するなど、生徒同士の交流を楽しみます。競争的なことは好まないので、友人と教えたり、教えられたりしながら学ぶほうを好みます。

理想派の生徒は、教師や両親を喜ばせたいという強い欲求があります。期待に沿おうと努力し、規則を破るようなことはほとんどありません。自分の個性を大切にし、自己実現したいと考える理想派ですが、同時に他人の期待に沿いたいという気持ちも強いので、周囲の期待が自分の希望に合わない場合などには、この二つの願いのなかで葛藤することもあります。

⚜ 理論派（NT）の生徒

理論派の生徒は、知的に向上したい、有能になりたいという思いがとても強く、常に新しい知識を求めています。自分が興味を持つことについて、あらゆることを学習したいと考えます。物事の「しくみ」を理解すること、それを基に将来を予測したり物事をコントロールできるようになるまで自分の能力を伸ばすことが、究極の目標です。

個々の事実よりも「全体像」を知りたがり、複雑な情報や関係を解き明かすことを楽しみます。まず原則や法則をとらえ、概念・理論に焦点をあてます。刺激的なアイディアが好きで、知的に面白い、手ごたえがある領域に出会うと、長い間集中して勉強します。一方、自分が面白いと思わない領域について時間を費やすのは無駄と感じます。知的で抽象的な内容についての論理的な講義を好み、パズル、戦略的なゲーム、自分なりのクリエイティブな方法で問題解決する課題など、知的なチャレンジを楽しみます。

理論派の生徒は、学習内容に客観的な見地からアプローチします。何か情報を与えられても鵜呑みにせず、その価値を吟味してから、自分の知識体系に加えます。批判的思考力があり、独立心に満ちた理論派は、人によっては傲慢ととらえられてしまうこともあります。

正確に自分の考えを表現しようとし、言葉の使い方が厳密です。複雑さを好む理論派の生徒は、その複雑な考えを正確に伝えようとするあまり、他の生徒とのコミュニケーションが難しくなってしまうこともあります。自分の考えをわかりやすく他人に伝えることは彼らにとってのひとつの課題であり、教師が助力するべき点でもあります。

また、思考の複雑さと洞察力ゆえに、小さい頃から同世代よりも大人と話が合う傾向があり、自分の考えをまじめに聞いてくれる大人を求めています。教師には、自分の知識欲や探究心を理解し、自主性や能力を認めてくれることを期待します。

知的な有能さへの憧れは理論派の生徒の大きな特徴です。優れていると認める先生のもとではより一生懸命勉強します。知的に向上したいという気持ちが強いので、自分に課する基準がどんどん上がっていきます。このことは時としてプレッシャーとなり、自分の能力に対して自信を失うこともあります。教師に能力を批判されたり、成績が悪かったりすると、自分に失望してやる気を失うなど、繊細でもろい一面もあります。

⚜ 教師・生徒における気質の分布

前章で取り上げたアメリカの統計の結果を帯グラフにすると次のようになります。

＜アメリカにおける４つの気質の分布＞

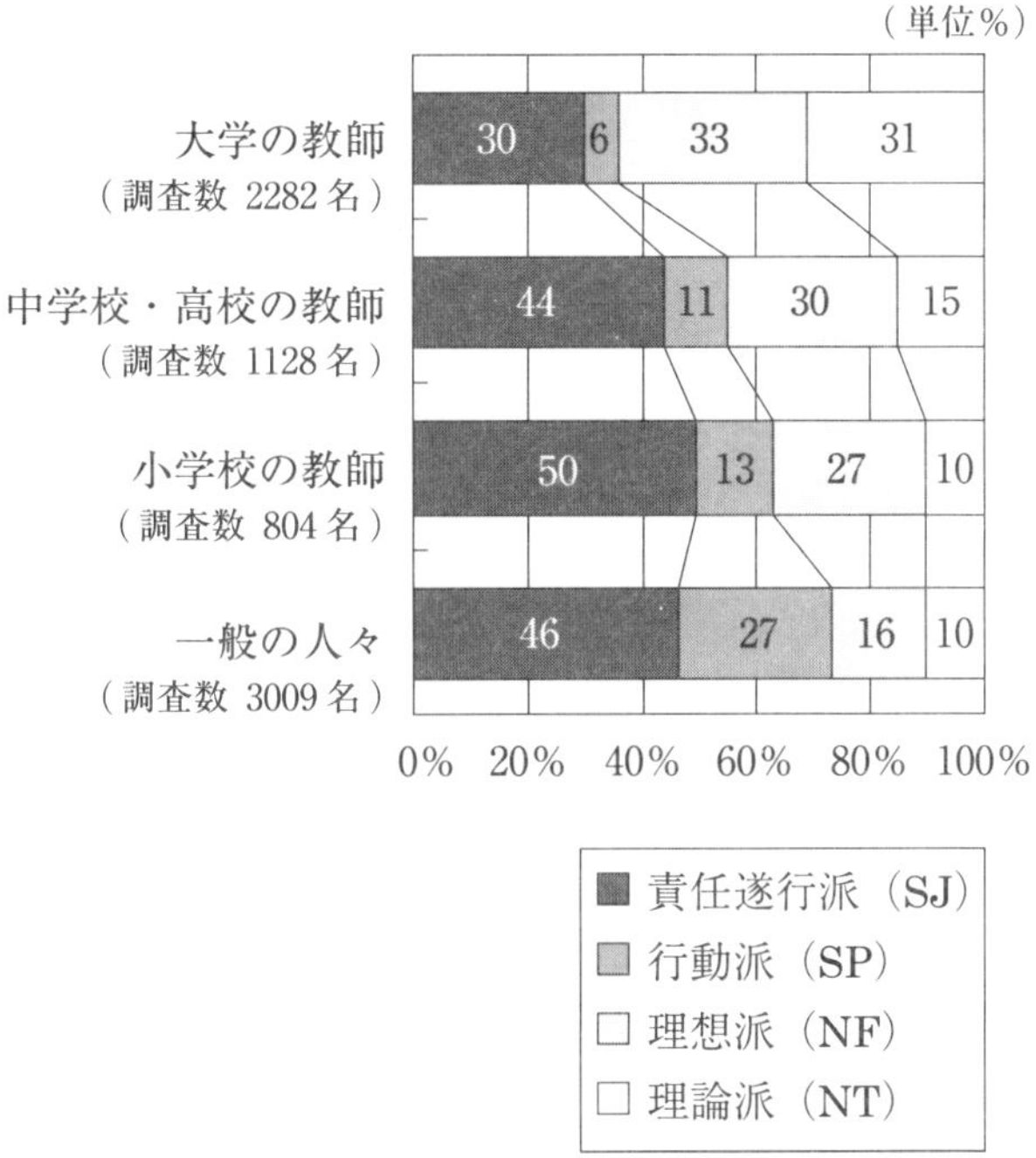

参考：*MBTI Atlas of Type Tables*, 1986
MBTI Manual, 1998

前ページの帯グラフは、小学校から大学の教師における気質の分布と、一般の人々のなかでの気質の分布に関するアメリカでの統計です。「一般の人々」における分布がおおよそ「生徒」における分布と対応するだろうという推定のもとでグラフを見ると、教師と生徒の間で、四つの気質の分布がかなり違うことがはっきりとわかります。

責任遂行派は、一般の人々（この場合には生徒）のなかでは四十六％を占め、小学校の教師では五十％、中学校・高校の教師では四十四％、大学の教師では三十％を占めます。

この統計からも明らかなように、アメリカの小学校では責任遂行派の教師は全体の半数を占め、群を抜いた多数派（小学校の教師で次に多いのは理想派の二十七％）です。そのため、無意識のうちに自分たちのものの見方が正しく、常識的であると感じがちになりますが、この点について、気質理論の専門家は、責任遂行派の教師がそのような（自分たちの考え方が基準であるという）思いこみをしてしまう可能性について十分に警戒しておくべきだと指摘しています。なぜなら、人は往々にして価値観の異なる相手に対し、自分と似たような考えの持ち主に変えたいという衝動をもつものだからです。そして、多くの場合、この衝動は、相手に良い方向に変わってほしいという全くの善意に由来するものなのです。しかし、このような衝動は、気質理論の立場——人の多様な気質や価値観をあるがままに尊重するという——とは相容れないものです。責任遂行派に限らず、ある組織の中で多数派を占める気質は知らず知らずに自分たちの価値観が一番正しいと感じがちです。

行動派は、一般の人々（生徒）のなかでは二十七%を占め、小学校の教師では十三%、中学・高校の教師では十一%、大学の教師では六%を占めます。この統計から明らかなように、行動派の生徒は、自分と同じ気質のクラスメートを探すことは比較的容易にできても、同じ気質の教師を見出すのはなかなか難しいといえそうです。また、教えるほうの側からみれば、行動派の生徒の学習スタイルやニーズを実感として理解できる教師が少ないのですから、その点を意識的に考慮した上で授業を展開していく必要がありそうです。

理想派は、一般の人々（生徒）のなかでは十六%を占め、小学校の教師では二十七%、中学・高校の教師では三十%、大学の教師では三十三%を占めます。理想派は教師という職業を選択する割合が他の気質より高いといえそうです。また、理論派は一般の人々（生徒）のなかでは十%を占め、小学校の教師では十%、中学・高校の教師では十五%、大学の教師では三十一%を占めます。高等教育に携わる教師のなかに理論派が多いことがうかがえます。

気質理論のレンズを通して、教師と生徒のそれぞれの価値観、ニーズ、強み、指導法と学習法の特徴について概略を見てきました。気質理論を理解することは、教師が自分の強みを再認識するとともに、生徒たちのなかに多様な才能や長所を見出し、それらを活かす指導法やコミュニケーションのありかたを模索することに役立ちます。

あとがき

私が「心理学的タイプ論」とはじめてであったのは、もう二十年ほど前になります。「心理学的タイプ」という言葉を初めて聞いた時のことは、その光景とともに印象的に心に焼き付いています。アメリカの大学院でカウンセリング心理学の修士課程を始めたばかりの頃、友人のアパートでトランプに興じていた時でした。メンバーはイタリア系アメリカ人、ドイツ人留学生、フランス人留学生…同じ専攻の先輩たちでしたが、三人ともにたいへんな毒舌家でした。クラスメートや教授たちに対する辛口批評はもちろん、果ては高名な心理学者やその理論すらも、容赦なく俎上にのせては舌鋒鋭く批判を展開するのが常でした。そんな懐疑的な彼女たちが、あるとき心理学的タイプ論の話をいかにも楽しげに始めたのでした。あれほど批判的な彼女たちが、これほどまでにほめそやす理論とはどんなものだろう？　と思ったことを今でも印象深く覚えています。

こんなふうにある理論との出会いの瞬間まで覚えているのは稀なことなのですが、この思い出は私にとって象徴的な何かを意味するようです。最近、何度か心理学的タイプ論の国際学会に参加しましたが、さまざまな文化背景（米国、中国、韓国、カナダ、オーストラリア、フィンランド…）を持つ参加者と心理学的タイプ論の研究や応用の話が始まると、国籍や文化の違いはどこへやら、指向とタイプという共通言語により、「異文化コミュニケーション」を意識しないほど、いともスムーズに、さまざまな考えや着想を交換したり、共感をこめて互いの経験を共有することができるのです。文化の違いを軽々と飛び越えて、人をつなぎ合わせることができる…、こんな心理学的タイプ論に関する印象は、育ってきた環境も母語もまるで違う先輩たちと一つのテーブルを囲んですごした遠い昔のこころ楽しさと、私の思いのなかで重なりあっているのでしょう。

さて、トランプに興じてから数ヶ月後、授業で紹介された心理学的タイプ論は、先輩たちの前評判どおり、大変に興味深いものでした。自己理解を深める契機となったことはもちろん、当時見習いカウンセラーだった私にとって、多種多様な来談者をよりよく理解するための、一つの有効な枠組を与えられたと感じました。

留学を終え、日本に帰国して教える立場になり、物事をわかりやすく伝えることの難しさを否応なく思い知らされることになりました。私なりの模索の過程で、心理学的タイプ論の知見には多くの示唆を受けました。自分なりのアプローチの強みを大切にしつつも、盲点となり得る部分――知らず知らずに「自分が学生だったら」というような自分の視点や学習スタイルを前提として授業を展開してしまうことなど――もあわせてはっきりと意識できたことにより、ある程度の成果が得られたような気がします。

言うまでもなく、ひとり一人の人間は、どんなパーソナリティ理論や概念によっても正確にはとらえきることが不可能な、この世に一つしかない代えがたい存在です。先生方自身の直接の経験に基づくひとり一人の生徒への理解の複雑さ、豊かさに比較すれば、どんな理論も色を失うことでしょう。しかしながら、私にとって心理学的タイプ論は、いろいろな意味で大きなヒントを与えてくれました。本書が読者の方々に一つの考える材料を提供することができれば幸せに思います。

本書は、『英語教育』誌に連載した「教師のための心理学講座」をもとに、加筆したものです。連載中から大修館書店の小林奈苗さんにはひとかたならぬお世話になり、辛抱強くおつきあいいただきました。深くお礼申し上げます。最後に、いつも私を励まし続けてくれた家族と友人たち、貴重なアドバイスをいただいた日米の研究者のみなさまにこの場を借りて感謝の意を表したいと思います。

二〇〇七年三月

都築　幸恵

Press.
Murphy, E. (1992). *The developing child*. Palo Alto, CA: Davies-Black Publishing.
Myers, I. B., Kirby, L. K., & Myers, K. D. (1998). *Introduction to type (6th ed.)* . Palo Alto, CA: Consulting Psychologists Press.（園田由紀訳『MBTI タイプ入門』金子書房，2000）
Myers, I. B., & Myers, P. B. (1995). *Gifts differing*. Palo Alto, CA: Davies-Black Publishing.
Myers, I. B., McCaulley, M. H., Quenk, N. L., & Hammer, A. L. (1998). *MBTI manual: A guide to the development and use of the Myers-Briggs Type Indicator. (3rd ed.)* Palo Alto, CA: Consulting Psychologists Press.
Pearman, R. R., & Albritton, S. C. (1997). *I'm not crazy, I'm just not you*. Palo Alto, CA: Davies-Black Publishing.（園田由紀訳『MBTI への招待』金子書房，2002）
Tsuzuki, Y & Matsui, T (1998). Subordinates' J-P preferences as a moderator of their responses to supervisory structure behavior: A simulation. *Journal of Psychological Type, 45*, 21-28.
VanSant, S., & Payne, D. (1995). *Psychological type in schools: Applications for educators*. Gainesville, FL: Center for Applications of Psychological Type.

参考文献

Fairhurst, A. M., & Fairhurst, L. L. (1995). *Effective teaching, effective learning: Making the personality connection in your classroom*. Palo Alto, CA: Davies-Black Publishing.

Hammer, A. L. (1993). *Introduction to type and careers*. Palo Alto, CA: Consulting Psychologists Press.

Kise, J. A. G. (2001). *Looking at type: Talking points*. Gainesville, FL: Center for Applications of Psychological Type.

Kise, J. A. G. (2006). *Differentiation through personality types*. Thousand Oaks, CA: Corwin Press.

Lawrence, G. (1993). *People types and tiger stripes (3rd ed.)*. Gainesville, FL: Center for Applications of Psychological Type.

Lawrence, G. D. (1997). *Looking at type and learning styles*. Gainesville, FL: Center for Applications of Psychological Type.

Macdaid, G. P., McCaulley, M. H., & Kainz, R. I. (1986). *Myers-Briggs Type Indicator atlas of type tables*. Gainesville, FL: Center for Applications of Psychological Type.

Mamchur, C. (1996). *A teacher's guide to cognitive type theory and learning style*. Alexandria, VA: Association for Supervision and Curriculum Development.

Meisgeier, C., Murphy, E., & Meisgeier, C. (1989). *A teacher's guide to type*. Palo Alto, CA: Consulting Psychologists

[著者略歴]

都築幸恵（つづき　ゆきえ）

東京大学法学部卒業。オレゴン大学大学院修士課程，コロンビア大学大学院博士課程（カウンセリング心理学専攻）修了。Ed. D.（教育学博士）。

現在，成城大学社会イノベーション学部心理社会学科教授。

主な訳書に D. オルウェーズ著『いじめ　こうすれば防げる　ノルウェーにおける成功例』（共訳，川島書店），W. M. ソーティール・M. O. ソーティール著『スーパーカップル症候群』（大修館書店）があるほか，パーソナリティ心理学，キャリア心理学，組織心理学の分野で多くの研究を内外の学会および学術雑誌に発表している。

すぐに役立《やくだ》つ教師《きょうし》のための心理学講座《しんりがくこうざ》

© Tsuzuki Yukie, 2007　　NDC 375／vi, 192p／19cm

初版第1刷――2007年4月15日

著者――都築幸恵《つづきゆきえ》
発行者――鈴木一行
発行所――株式会社大修館書店
〒101-8466　東京都千代田区神田錦町3-24
電話03-3295-6231（販売部）03-3294-2357（編集部）
振替00190-7-40504
[出版情報] http://www.taishukan.co.jp

装丁者――加藤光太郎デザイン事務所
カバーイラスト―平野瑞恵
印刷所――藤原印刷
製本所――司製本

ISBN978-4-469-24524-0　Printed in Japan